U0943295

高速铁路管理人员和专业技术人员培训教材

科普教材

高速铁路牵引供电
知识读本

中国铁路总公司

中国铁道出版社有限公司
CHINA RAILWAY PUBLISHING HOUSE CO., LTD.

内 容 简 介

本书为中国铁路总公司组织编写的高速铁路管理人员和专业技术人员培训教材之一，是供电专业科普教材。全书共分六章，主要内容包括：高速铁路牵引供电概述、高速铁路牵引变电所结构及主要供电设备、高速铁路牵引供电系统自动化技术、高速铁路接触网系统、高速铁路供电设备可靠性的影响因素及保障措施、高速铁路牵引供电与相关专业的接口。

本书适用于高速铁路供电专业技术人员培训，也可供高速铁路相关专业的管理人员和专业技术人员学习，对各类职业院校相关师生学习也有重要的参考价值。

本书内容如有不符最新规章标准之处，以最新规章标准为准。

图书在版编目（CIP）数据

高速铁路牵引供电知识读本/中国铁路总公司编著．—北京：中国铁道出版社，2015.6(2021.11 重印)

高速铁路管理人员和专业技术人员培训教材

ISBN 978-7-113-16918-3

Ⅰ.①高… Ⅱ.①中… Ⅲ.①高速铁路-牵引供电系统-技术培训-教材 Ⅳ.①U238

中国版本图书馆 CIP 数据核字(2015)第 143437 号

书　　名：高速铁路牵引供电知识读本
作　　者：中国铁路总公司

责任编辑：侯跃文　　**编辑部电话：**(010)51873116　　**电子邮箱：**tdpress@126.com
封面设计：崔丽芳
责任校对：苗　丹
责任印制：高春晓

出版发行：中国铁道出版社有限公司(100054，北京市西城区右安门西街 8 号)
网　　址：http://www.tdpress.com
印　　刷：北京联兴盛业印刷股份有限公司
版　　次：2015 年 6 月第 1 版　2021 年 11 月第 4 次印刷
开　　本：787 mm×1 092 mm　1/16　印张：8　字数：194 千
书　　号：ISBN 978-7-113-16918-3
定　　价：40.00 元

前言

党的十六大以来，在党中央、国务院的正确领导下，我国铁路事业得到了快速发展，目前，中国高铁运营里程已经位居世界第一。在建设和运营实践中，我国高铁积累了丰富经验，取得了大量创新成果。将这些经验和成果进行系统总结，编写形成规范的培训教材，对于提高培训质量、确保高铁安全有着十分重要的意义。为此，中国铁路总公司组织相关专业的技术力量，统一编写了这套高速铁路管理人员和专业技术人员培训系列教材。

本套培训教材共分高铁行车组织、机务、动车组、供电、工务、通信、信号、客运8个专业，每个专业分为科普教材、专业关键技术教材和案例教材三大系列。科普教材定位为高铁管理人员普及型读物，对本专业及相关专业知识进行概论性介绍，学习后能够基本掌握本专业所需的基本知识、管理重点、安全关键；专业关键技术教材定位为高铁专业技术人员使用的学习用书，对本专业关键技术进行系统介绍，学习后能够初步掌握本专业新技术和新设备的运用维护关键技术。案例教材定位为高铁岗位人员学习用书，对近年来中国高铁运营实践中发生的典型案例及同类问题的处理方法进行总结归纳，学习后能为处理同类问题提供借鉴。

本书为供电专业科普教材《高速铁路牵引供电知识读本》。全书共六章，主要内容包括：高速铁路牵引供电概述；高速铁路牵引变电所结构及主要供电设备；高速铁路牵引供电系统自动化技术；高速铁路接触网系统；高速铁路供电设备可靠性的影响因素及保障措施；高速铁路牵引供电与相关专业的接口。

Preface

本书由周利军主编，马珂、刘玉辉、高仕斌主审。参加编写的人员有：张丽艳（第一章）、曹晓斌（第二章），李岗（第三章第一节、第二节、第三节）、邓军（第三章第四节）、董昭德（第四章）、周利军（第五章、第六章），全书由周利军统稿。参加审定的人员有：陈修延、陈红英、宋新江、范华、张韬、李轶群、徐波、芈赞、陆云、左平、张忠权、左光联、王颢、张本川。本书编写过程中，还得到了西南交通大学电气工程学院牵引供电领域多个课题组老师们的大力支持与帮助，在此一并表示衷心感谢！

由于近年来高速铁路技术发展较快，同时编者的水平及精力所限，本书内容不全面、不恰当甚至错误的地方在所难免，热忱欢迎使用本书的广大读者以及行业内专家学者对本书提出批评、指正意见，以便编者对本书内容不断地改进和完善。

编　者

二〇一五年五月

目录

第一章　高速铁路牵引供电概述 …………………………… 1

第一节　电气化铁路发展 …………………………………… 1
第二节　牵引供电系统的基本结构 …………………………… 3
第三节　绿色牵引供电 ……………………………………… 5
第四节　牵引供电新技术 …………………………………… 8

第二章　高速铁路牵引变电所结构及主要供电设备 …… 13

第一节　变电所的结构 ……………………………………… 13
第二节　牵引变压器 ………………………………………… 14
第三节　高压开关电器 ……………………………………… 20
第四节　高压互感器 ………………………………………… 26
第五节　气体绝缘全封闭组合电器(GIS) ………………… 29

第三章　高速铁路牵引供电系统自动化技术 …………… 32

第一节　牵引供电系统自动化概述 ………………………… 32
第二节　变电所综合自动化技术 …………………………… 35
第三节　接触网故障测距技术 ……………………………… 50
第四节　牵引供电 SCADA 系统 …………………………… 57

第四章　高速铁路接触网系统 ……………………………… 67

第一节　接触网的基本功能与组成 ………………………… 67
第二节　高速铁路接触网的基本结构 ……………………… 72
第三节　高速铁路接触网系统的主要电气设备 …………… 80

第五章　高速铁路供电设备可靠性的影响因素及保障措施 … 89

第一节　牵引供电系统的过电压及防护 …………………… 89
第二节　牵引供电系统的雷击及其防护 …………………… 93
第三节　接触网覆冰及除冰技术 …………………………… 100
第四节　牵引供电设备试验与检测 ………………………… 102

Contents

第六章　高速铁路牵引供电与相关专业的接口…………… 115

第一节　接口概述……………………………………………… 115
第二节　与电气化铁路外部系统的接口……………………… 116
第三节　与工务工程的接口…………………………………… 117
第四节　与电务工程的接口…………………………………… 118
第五节　与动车组接口关系…………………………………… 118

参考文献……………………………………………………… 120

第一章　高速铁路牵引供电概述

牵引供电系统作为高速电气化铁路的动力来源，由牵引变电所(含 AT 所、分区所、开闭所等)和接触网组成，其结构和接线形式由供电自身的要求决定。本章主要介绍电气化铁路的发展历程、牵引供电系统的基本结构、电能质量以及新型供电技术。

第一节　电气化铁路发展

一、国外电气化铁路发展概况

1825 年世界上第一条铁路在英国建成。1879 年 5 月 31 日在德国柏林举办的世界贸易博览会上，由西门子和哈尔斯克公司展出了世界上第一条电气化铁路。

最初，电气化铁路都修建在城市近郊线路和一些工矿线路上。后来，随着工业的发展，才逐渐发展到城市之间和运输繁忙的干线铁路上来。20 世纪 60～70 年代是世界电气化铁路发展最快的时期，平均每年修建达 5 000 多千米。在此期间，工业发达的西欧、日本、苏联以及东欧等国家，运输繁忙的主要铁路干线实现了电气化，而且基本上已经成网。1964 年 10 月日本建成世界上第一条高速电气化铁路——东海道新干线，以 210 km 的时速令世人瞩目。

20 世纪 80 年代以后，世界上又出现了一个电气化铁路建设高潮。一些发展中国家，如中国、印度、土耳其、巴西等国的电气化铁路建设也开始快了起来。例如，印度 1990～1991 年两年就建成电气化铁路 1 557 km，平均每年建成近 800 km；从 1981～2000 年，我国在二十年内建成的电气化铁路约 13 000 km。目前我国的电气化铁路在建设里程和建设速度上都已经跃居世界前列。在此期间继日本高速电气化铁路时速提高到 270～300 km 之后，德国和法国相继建成时速达 250～350 km(ICE 和 TGV)的高速电气化铁路，工业发达国家正在集中力量兴建时速 200 km 以上的高速电气化铁路。

截止到 2010 年底，已建成高速电气化铁路的国家有中国、日本、法国、德国、意大利、西班牙、比利时、韩国、荷兰、瑞典、英国、俄罗斯，正在积极建设或规划建设的还有美国、瑞士、奥地利、丹麦、加拿大、澳大利亚、印度等国；欧洲已经突破了国界，向路网化、国际化发展。

二、我国电气化铁路发展历程

自 1961 年 8 月 15 日我国开通了第一条电气化铁路——宝鸡—凤州段起，至今已有 50 多年。在这 50 余年中，我国电气化铁路迅速的发展，取得了巨大的成就。

我国电气化铁路的发展和建设历程主要分为四个阶段：第一条电气化铁路的诞生(1953～1961 年)；恢复时期电气化铁路建设(1968～1980 年)；改革开放后电气化铁路建设(1981～2000 年)；新世纪电气化铁路建设(2001 年至今)。从第一条电气化铁路开始修建到 2012 年 12 月 1 日“哈(哈尔滨)大(大连)”高速铁路正式开通，中国电气化铁路总里程在 1954 年突破 4.8 万 km，超越俄罗斯位居世界第一位。这是中国铁路建设史上的一项重大成就，也是中国铁路现代化进程中的一个重要里程碑。我国各个时期电气化铁路建设概况表如表 1-1 所示。

表 1-1 我国各个时期电气化铁路建设概况表

建设时期	全国铁路营业里程(km)	各时期电气化铁路建设里程(km)	电气化铁路累计里程(km)	电气化率(%)	电气化铁路承担运量比重(%)	复线电气化铁路里程(km)	电气化铁路复线率(%)
“一五”(1953～1957)	23 136	1953 年 11 月开始设计，1957 年 10 月 1 日开始筹建，1958 年 6 月 15 日动工兴建					
“二五”(1961～1965)	38 406	93	93	0.24	0	0	0
“三五”(1966～1970)	42 580	197	290	0.68	0	0	0
“四五”(1971～1975)	47 980	386	676	1.40	0	0	0
“五五”(1976～1980)	51 140	1 003.6	1 679.6	3.28	2.6	119	7.0
“六五”(1981～1985)	55 120	2 507.6	4 187.2	7.59	7.1	1 052.4	25.13
“七五”(1986～1990)	57 650	2 664.5	6 851.7	11.88	17.7	2 486	36.28
“八五”(1991～1995)	62 615	3 012.2	9 863.9	15.75	25.0	3 544.34	35.93
“九五”(1996～2000)	68 649	5 029.1	14 893	21.69	40.2	6 394.89	42.94
“十五”(2001～2005)	75 619	5 587	20 132	27.08	>50	11 613.2	56.70
“十一五”(2006～2010)	85 000	14 520	35 000	41.17	>65	23 820	68.05
“十二五”(2011～2015)	92 000	7 000	42 000	45.65	>75	30 910	73.59
“十三五”(2016～2020)	100 000	8 000	50 000	50.5	>80	38 500	77.00

在电气化铁路建设发展过程中，电气化铁路的牵引供电技术装备也发生了巨大变化。从最初全面学习苏联，到改革开放后积极引进和自主开发创新，在牵引供电、变电所设备、接触网、远动控制和检测技术方面，已经基本形成了自己的技术模式。在工程设计手段和工程施工工艺、设备的运营和管理，以及各种专用器材的生产等方面也都有了长足进步。

2004 年 1 月 7 日，国务院常务会议原则通过了《中长期铁路网规划》。2008 年 10 月 31 日，经国家批准，《中长期铁路网规划》(以下简称《规划》)正式颁布实施。《规划》规定，到 2020 年，全国铁路营业里程达到 12 万 km，主要繁忙干线实现客货分线，复线率和电化率分别达到 50%和 60%以上，运输能力满足国民经济和社会发展需要，主要技术装备达到或接近国际先进水平。

具体目标是：

(1)发展客运专线，为满足快速增长的旅客运输需求，建立省会城市及大中城市间的快速客运通道，规划“四纵四横”等客运专线以及经济发达和人口稠密地区城际客运系统。建设客运专线 1.6 万 km 以上。

(2)以扩大西部路网规模为主，形成西部铁路网骨架，完善中东部铁路网结构，提高对地区经济发展的适应能力。规划建设新线约 4.1 万 km。

(3)加强既有路网技术改造和枢纽建设，提高路网既有通道能力。规划既有线增建二线 1.9 万 km，既有线电气化 2.5 万 km。

根据《规划》预测，到 2020 年，中国电气化铁路总里程将达到 5 万 km，电气化铁路承担的铁路运量比重将达到 80%以上。中国几条主要繁忙长大干线：京哈线、京广线、京沪线、陆桥线、沪汉蓉线和沪昆线都将全线实现电气化；几个主要省会城市之间及环渤海地区、长江三角洲地区和珠江三角洲地区都将建成快速客运专线，其总里程将超过 1.6 万 km。中国西南、西北、华北、东北、中南和华东的电气化铁路将基本连接成网。一个多拉快跑，运输能力大，行车速度快，燃料消耗低，运输成本低，技术装备先进质量高，旅行环境好，不污染环境，分布比较合理的全国电气化铁路网将基本形成。到 2020 年，中国几条主要长大干线的旅客列车运行速度将普遍达到 160 km/h，部分区段将达到 200 km/h，新建的快速客运专线和城际客运线路将达到 200 km/h 及以上，几条主要繁忙干线的货物列车载重量将普遍达到 5 000 t 以上，而大秦和朔黄两条运煤专线的重载单元列车载重量将突破 1.5 万～2 万 t。旅客运输将全面实现“快速、准时、舒适”，主要城市间铁路旅行将实现 500 km 范围内“朝发夕归”，1 200～1 500 km 范围内“夕发朝至”，2 000～2 500 km 范围内“一日到达”的目标，货物运输将实现“大宗货物直达化，高值货物快速化”的目标。到 2020 年，中国电气化铁路在牵引供电设备的自动化水平，设备的国产化率，设备的运营可靠性及高速技术的应用等方面将呈现一个全新的局面，达到一个更高的水平。中国电力牵引动力的研发和生产，也将有重大的发展，跻身于世界先进国家行列。与此同时，在铁路电气化工程设计手段和标准化程度，电气化工程施工装备和施工质量标准，电气化铁路的运营管理现代化及电气化专用器材的生产等方面也将达到或接近世界先进水平。到 2020 年，中国电气化铁路的各项运营技术指标，如电力机车完成的工作量——日车公里和日产量、燃料消耗和能源利用率、能源使用结构、运输成本和运输质量以及环境的保护等都将达到或接近世界先进水平。还有中国电气化铁路的分布不合理状况、铁路电气化的投资回报率偏低，电气化铁路承担的铁路运量不大，牵引供电技术的自主研发能力不足等情况也将得到彻底扭转。

高速铁路全部采用电气化铁路的形式，2004 年起，我国通过引进消化吸收再创新的发展模式，极大地推动了高速铁路技术的发展，2008 年京津城际 300 km/h 高速铁路通车以来，陆续开通了武广、郑西、沪宁、沪杭、京沪等 350 km/h 高速铁路客运专线，并于 2010 年在京沪高速铁路创下 486.1 km 的世界铁路运营最高试验速度，目前我国高速铁路运营里程已经突破 1 万 km，接近世界高速铁路总里程的总和。

第二节 牵引供电系统的基本结构

一、牵引供电系统的构成

我国高速电气化铁路均采用工频(50 Hz)、单相交流电，额定电压为 27.5 kV 或 2×27.5 kV，牵引供电系统的构成如图 1-1 所示。相对牵引变电所而言，通常把为其供电的电力系统称为外部电源或一次系统。牵引供电系统由牵引变电所和牵引网组成。

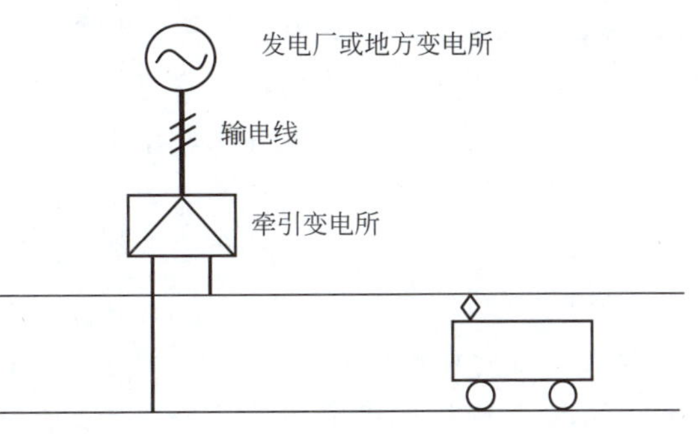

图 1-1 牵引供电系统的构成

(1)电力系统与输电线：它们为高速铁路提供高压电源，其电压一般为 220 kV，西北地区有些变电所为 330 kV。高速铁路的牵引负荷是一级负荷，故要求电源有足够的容量和较高的可靠度。公用电网通常能使这些要求得到满足，并具有经济性。

(2)牵引变电所:将电力系统供应的电能转变为适于电力牵引及其供电方式的电能,其中的核心元件是牵引变压器(也称主变压器),并设有备用。与地方变电所相比,特别在我国,牵引变电所最主要的和绝大多数情况下是用于提供牵引用电,作为区别,而称为牵引变电所。

(3)牵引网:由馈(电)线、接触网、轨(地)、回流线等组成,是牵引供电网(回路)完成对电力机车的送电任务。馈线是接在牵引变电所牵引母线和接触网之间的导线,可以将电能由牵引变电所引向电气化铁路;接触网是一种特殊的输电线,架设在铁路上方,机车受电弓与其摩擦受电;钢轨既支持列车运行,又是导线,由于轨与地都是非绝缘的,故通常轨地一起接受机车的牵引电流;回流线是指牵引变电所处的横向回流线,它将轨或与轨平行的其他导线与牵引变压器指定端子相连,与馈线一起组成牵引端口的端子线。

(4)高速列车:采用动车组,通过牵引电机及其变换和控制机构,将电能转化为可用机械能,牵引列车运行。

(5)供电分区:正常供电时,由牵引变电所馈线到接触网末端的供电线路组成,也称为供电臂。

二、外部供电电源

外部电源的供电方式是指电力系统与牵引变电所的连接方式,它取决于牵引负荷的用电等级和电力系统的分布情况。

世界各国采用工频、单相、交流、接触网额定电压为 25 kV 的高速电气化铁路,毫无例外地均采用高压供电。日本山阳等新干线,牵引变电所的进线电压采用 275 kV(原来 70 kV)。法国大部分牵引变电所的进线电压为 225 kV,只有一个变电所为 63 kV。德国牵引网电压采用 15 kV,牵引变电所进线电压采用 110 kV。世界各国高速电气化铁路的电源电压,也是值得我们借鉴的。

过去我国牵引供电系统的电源电压等级普遍采用 110 kV,主要是为了保证安全、可靠供电。对于高速电气化铁路,由于牵引负荷功率增大,如仍采用 110 kV 供电,一般很难满足供电要求,电力网的运行指标也会恶化。单相独立的牵引负荷,由于牵引负荷电流大,波动剧烈,谐波含量丰富,为了增大电网对谐波、负序的承受力,减小牵引变电所母线电压的波动,降低输电线路损耗,保证输电线路的动态、静态稳定,供电电源应采用 220 kV 或以上电压等级。

TB 10009—2005《铁路电力牵引供电设计规范》规定:"电力牵引应为一级负荷,牵引变电所应有两路电源供电,当任一路故障时,另一路仍应正常供电"。其中两路电源可来自不同的地区变电所或同一地区变电所的不同母线。外部电源的供电方式以保证供电可靠性为原则,同时注意电源容量及经济性。外部电源的供电方式主要有环形供电、双侧供电、单侧供电、放射供电等几种形式。从供电可靠性出发,牵引变电所应尽量采用环形供电或双侧供电。但是如果牵引变电所不能从两侧取得电源时,也可以采用单侧供电方式,但必须设置双回路输电线以保证供电的可靠性。当这两回输电线路连接到同一地区变电站时,这两回输电线路必须接至不同的分段母线上。

图 1-2 是陕西电网对三个牵引变电所进行单侧供电的情况;图 1-3 是四川电网与宝成线上两个牵引变电所的供电图。当备用开关合上时便是环形供电,否则就是单路输电线的单边供电方式。

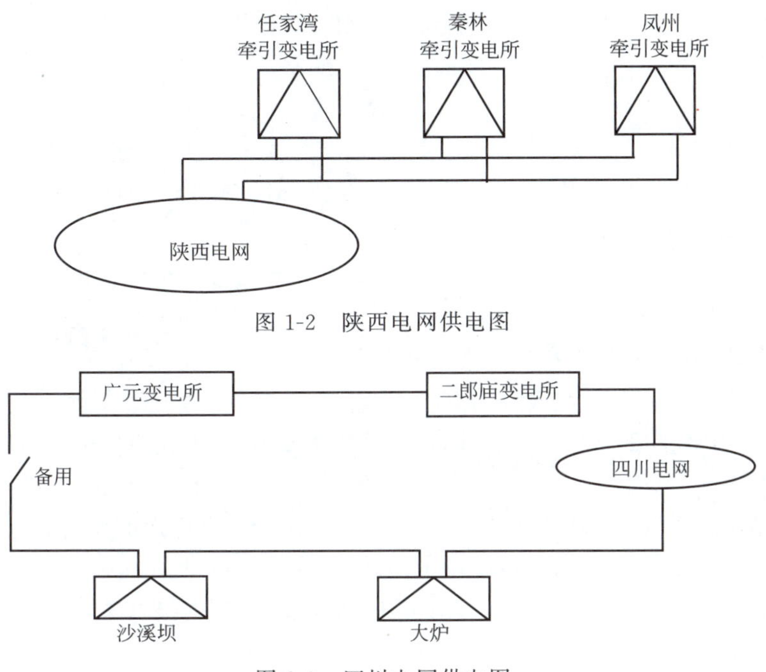

图 1-2　陕西电网供电图

图 1-3　四川电网供电图

三、牵引变电所

牵引变压器接线方式包括：YNd11 接线、纯单相接线、Vx 接线、三相—两相平衡接线(包括 Scott 接线、Le Blanc 接线、Wood-bridge 接线等)等，高速铁路中主要采用 Vx 接线变压器，也有少数变电所采用纯单相变压器供电。

四、牵引网的供电方式

高速铁路牵引网的供电方式是由牵引网所完成的特殊输电功能的技术要求和经济性能所决定的，基本上可以按分区所运行状态和牵引网设备类型进行分类。按分区所的运行状态，通常分单边供电、双边供电两种方式。按牵引网设备类型，目前主要采用直接供电方式(带回流线)和(自耦变压器)AT 供电方式。

由于高速电力牵引的速度快、电流大，因此要求供电系统的供电质量要高，并应尽量减少电分相、电分段的数量。AT 供电方式变电所间距大，一是可以大大减少电分相数量，并且牵引网阻抗小，能显著减小牵引网电压损失，改善供电质量，保证列车高速运行；二是可以密切配合电力系统向电气化铁路供电的电源选择，以降低工程造价。另外，AT 供电方式对通信线路的影响较小。

由于某种原因，有时牵引变电所的上、下行方向需采用直接供电＋AT 供电的混合供电方式。这种供电方式就是上、下行的某一方向使用直接供电方式，而另一方向使用 AT 供电方式。这种情况常常是由于牵引变电所的位置选择不宜、地形条件复杂造成的。有时，考虑沿线对通信线路干扰要求的不同，也会采用不同的供电方式。

第三节　绿色牵引供电

铁路相关运行、设计、施工、科研等机构对电能质量、电磁环境等问题非常重视，通过研究和优化设计，努力提高电能质量，降低电磁发生水平，构建绿色牵引供电系统。

一、电能质量及其治理

1. 电能质量概述

单相工频交流电气化铁路作为电力系统的一级负荷，有其自身的工作特性——功率因数低、谐波含量大和不对称特性等。

电力牵引负荷由于变流、平波等措施的影响，其功率因数较低，无功功率含量过大。无功功率过大，会造成很多不良的影响：如额外占有供、变电设备（主要是变压器和输电线）的容量，增大了电能损失，额外增加了用户用电点的电压损失。

谐波的存在会额外占有系统及设备容量，产生附加热损，降低设备效率；并有可能引起系统局部谐振，危及设备的安全运行。此外，谐波还对临近电气化铁路供电系统的通信线路造成干扰。

电气化铁路作为单相的负荷，会使三相供电系统处于不对称运行状态。主要表现在：通过牵引变电所向电力系统注入波动的负序电流，使电力系统节点三相电压不平衡。负序电流在电力系统中会额外占有系统及设备容量，造成附加网损，引起三相电压不对称，降低发电机、电动机出力。

目前我国衡量电能质量的国家标准主要包括 6 个方面：

(1)电力系统频率允许偏差；

(2)供电电压允许偏差；

(3)三相电压允许不平衡度；

(4)公用电网谐波；

(5)电压波动和闪变；

(6)暂时过电压和瞬态过电压。

2. 电能治理措施

无功、负序和谐波的存在是电气化铁路单相交流供电系统所固有的三大技术问题。国际上对这三大技术问题的研究成果与对策也不尽相同。英国主要关注负序和谐波，基本代表欧共体的情况。原苏联则注重电压调整和无功补偿，兼顾负序和谐波的补偿，基本以改善牵引供电系统自身的技术指标为主。相比而言，日本的研究和应用较为全面，如可调无功补偿及滤波，三相—单相对称变换系统。但无论如何都未有任何一个国家从理论上将无功、负序乃至谐波的研究更全面、完备地统一起来。

国内对这三大技术问题的认识也有一个发展过程。电气化铁路建设初期，比较注重负序，但当时电气化铁路里程短，对电力系统造成的不良影响也是局部的，后来对功率因数愈加关注。随着我国高速铁路的大力发展，电气化铁路带来的电能质量问题也随之会发生相应的改变。仅就影响电力系统的主要电能质量指标而言，随着交—直—交型电力机车在我国新建电气化铁路上的大量使用，谐波电流含量大幅下降，牵引变电所的功率因数也大大改善，已经可接近 1。但相比既有电气化铁路而言，由于牵引功率的大幅增加，牵引供电系统的负序问题将变得更为突出。因此，未来新建电气化铁路面临的主要电能质量问题将是负序。

目前，国内高速铁路中改善电能质量的有效措施主要有以下几个方面：

(1)优化牵引供电系统的供电方式。优化供电方式主要指将牵引变电所高压侧通过轮流换相接入电力系统。

所谓轮流换相，就是指各相邻牵引变电所牵引变压器的原边各端子轮流接入电力系统中的不同相。如果各牵引变电所由同一电力系统供电，则各牵引变电所的牵引负荷在电力系统中引起的总负序电流与每个牵引变电所引入的相序有关。为使牵引供电系统的三相负荷趋近于平衡，牵引供电系统采用了在牵引变压器高压侧按牵引变压器的位置轮流换相接入电力系统的方法，使接入电力系统的总负序电流减小。

(2)装设补偿装置。利用相对比较成熟的补偿技术，对电气化铁路牵引负荷引起的谐波、负序和无功进行综合的治理。

目前，我国仍然普遍采用在牵引变电所安装固定并联电容补偿装置的方法。由于其结构简单、投资少、运行可靠，特别对于多数干线电气化铁路牵引变电所，在固定补偿方式下，月平均功率因数能达到 0.9 以上。

随着电力电子技术的发展，能实现对无功功率动态补偿的 SVC(Static Var Compensator)和 SVG(Static Var Generator)也在牵引变电所中得到了应用。

SVC 装置主要有晶闸管投切电容器(TSC)和晶闸管控制电抗器(TCR)，以及由该两种补偿装置结合固定并联电容补偿构成的混合补偿装置。例如，我国南昆线电气化铁路采用了 TCR+FC 构成的 SVC 补偿结构；宁夏银川迎水桥牵引变电所安装了单相 SVC，通过真空断路器将晶闸管控制的电容器和电抗器分成了 5 组，每组电容器和电抗器的容量分别为 400 kvar，补偿后牵引变电所的功率因数可达 0.92 以上。

日本东北新干线和东海道新干线均有 SVC 投入运行，将其安装在分区所，用于补偿接触网的电压降。英法隧道电气化铁路通过在 3 个牵引变电所安装了 3 组单相的 TCR+FC 型 SVC，用于补偿牵引变电所的供电电压、功率因数和进行谐波抑制。澳大利亚、南非等国也多使用 TCR+FC 结构的 SVC 用于无功和负序的综合补偿，具有多年的运行经验，运行效果显著。

SVG 是基于大功率全控型电力电子器件构成的动态无功补偿装置，具有响应速度快，谐波含量小和工作效率高等优点。采用两相结构的 SVG 可以实现无功和有功功率的四象限控制，不仅可以动态补偿牵引变电所的无功功率，也可以进行牵引变电所两供电臂有功功率的调节，实现牵引负荷的动态平衡。目前，我国上海南翔牵引变电所采用的就是背靠背 SVG 和固定补偿构成的混合补偿装置，有效地改善了南翔牵引变电所的谐波和负序。由于 SVG 初期的投资和运行费用均高于无源滤波装置，所以，只在国内个别牵引变电所使用。国外，SVG 的应用主要集中在日本和欧美国家，特别是日本早在 1982 年在新一沼宫内和新一八户两座牵引变电所安装了基于 IGCT 和 IGBT 的 RPC 装置，用于解决牵引负荷对电网电压波动和不平衡的影响。

二、电磁兼容问题

高速铁路在给交通运输带来了方便快捷的同时，也带来了电磁污染和噪声干扰等问题。由于信息技术的发展，在许多领域如电气化线路、电力牵引特别是交流传动，微电子器件大量用于设备的开环、闭环控制和监视；此外，由于经济的和生态学方面的需要，现代能源技术可保证开发出更加紧凑、能最佳利用资源的设备。这种高电磁负荷、大功率能源设备与低电压、小功率信息装置并存的局面，使得解决电磁兼容性问题变得更加紧迫也更加复杂了。据统计，1989 年德国电力系统故障的 28.7%是由电磁干扰引起的。

电气化铁路电磁兼容包含两个方面：首先，电气化铁路系统自身包含许多数字化子系统，因此高电压子系统可能会对低电压子系统产生电磁干扰。众所周知，铁路信号与列车的安全、有效运行密切相关，保证这两个系统之间的电磁兼容是很重要的。其次，电气化铁路也会对移动通信系统和其他灵敏度高的数字系统产生影响。

第四节　牵引供电新技术

高速铁路动车组均采用技术先进、性能优越的大功率交—直—交流牵引供电系统。仅就影响电力系统的主要电能质量指标而言，功率因数极度改善，可接近1；谐波电流含量大幅下降，可等效为既有交—直牵引铁路安装了高效有源电力滤波器(APF)；但相比既有铁路而言，由于牵引功率的大幅增加，负序问题更为突出。如能在联系电力系统与牵引供电系统的牵引变电所内采取措施，把困扰电力系统的负序问题和铁路的电分相问题同时解决，那无疑是最佳选择，更为有利于铁路与电力的和谐、良好发展。

同相供电技术是解决上述问题的最佳选择。同相供电是指一条电气化铁路全线牵引变电所输出电压均采用相同相位，理想情况下可以实现全线贯通供电。同相供电系统通过牵引变压器和对称补偿装置相结合，实现三相到单相的对称变换，不仅可以从根本上解决电气化铁路的无功、负序和谐波问题，而且还可以解决牵引网的电分相问题，有利于重载和高速牵引，提高电气化铁路运能，是电气化铁路电能质量治理较理想的措施。我国首套电气化铁路同相供电装置已在成都铁路局眉山牵引变电所成功投入运行。目前，已经有多条线路开展同相供电的方案论证和设计。

一、同相供电技术

1. 基于平衡变压器的同相供电技术方案

所谓同相供电是指线路上不同变电所供电的区段接触网电压相位相同，线路上无电分相环节的牵引供电方式，如图1-4所示。理论上，全线各牵引变电所采用单相变压器就可实现同相供电，但由于单相负荷在电力系统引起负序电流，当电力系统薄弱时，会导致严重的三相不平衡，全部采用单相变压器不会得到电力部门的同意。因此，同相供电的技术关键是在牵引变电所实现三相—单相对称变换。目前最合理、先进的技术方案是采用平衡变压器和潮流控制器(Power Flow Conditioner，简称PFC)，如图1-5所示。

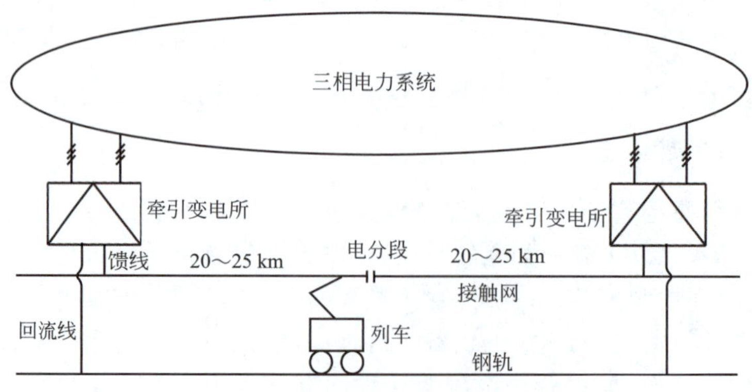

图1-4　同相供电系统示意图

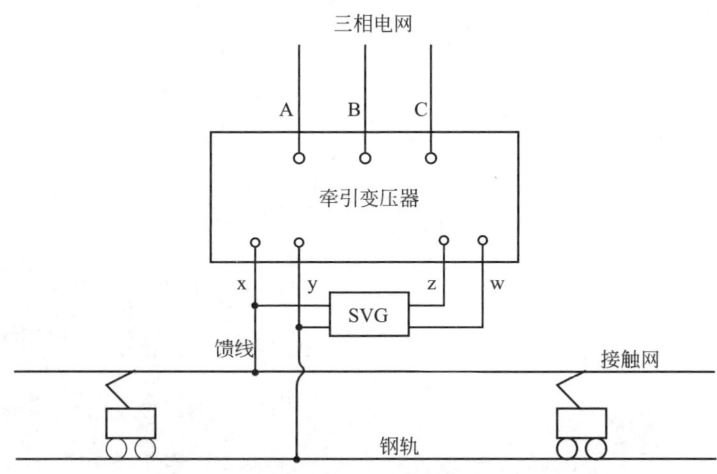

图 1-5　同相供电系统的牵引变电所

2. 同相供电技术的优越性

同相供电系统在技术上具有以下优越性：

(1)对电力系统而言，牵引负荷三相对称，功率因数为 1，谐波电流极小，满足电能质量要求。

(2)牵引变电所馈线出口处电分相取消，为不影响既有二次侧主接线模式和馈线保护配置整定方法，可用普通 4 跨绝缘锚段关节或分段绝缘器取代；当分区所两端的压差不足以产生影响时，分区所处的电分相亦可由简单的分段绝缘器取代(应进行试验研究)。列车在全线实现不断电运行，有利于高速和重载运输。

(3)PFC 在传输有功功率的同时，能对牵引端口的无功功率进行 100%补偿，有利于稳定网压，减少负荷引起的网压波动。

(4)理论上，实现对单相负荷的理想对称补偿，使 $\cos\phi=1$，负序电流为 0，所需的最小容量与牵引容量相等。澳大利亚昆士兰铁路牵引变电所全面实施无源 SVC 方案，虽然也解决了电压波动、负序、谐波问题，但一个 30MV·A 的牵引变压器要辅以 90 MV·A 的 SVC 装置，一次性投入约是原变压所的 3 倍左右。这里利用平衡变压器的自有平衡变换能力把 PFC 的容量减少为牵引负荷容量的一半左右，并且结构简单，是当前的最优方案。

同相供电系统在经济上带来的好处是：

(1)节省了在电分相上的投资和运营维护费。按日本方式，每处地面自动过分相装置要设置 8 台断路器和约 2 km 的中性区，显得过于复杂。朔黄线自动过分相装置投资约为 350 万元，而采用车上自动过分相，则需在线路旁边设置磁铁，在车上加装控制器，平均每车增加投资约 10 万元。并且，电分相的取消，有助于提高线路通过能力、增大运能。

(2)由于变电所左右两侧采用同一端口供电，负荷的均衡性得到改善，并且一次侧容量利用率为 100%，较之目前用于弱电源的 Vv 接线方式能减少安装容量，节省大量固定容量电费(目前这是影响电气化铁路经济性的重要因素)。

(3)由于采用 PFC 可以随时跟踪负荷变动，功率因数始终近似等于 1，无过补和欠补现象，节省了无功罚款。

3. 试验应用

由西南交通大学承担的国家重大科研项目——国家科技支撑计划“电气化铁路同相供电

装置”课题，于 2010 年 10 月 28 日 10 时 50 分在成（都）昆（明）铁路眉山牵引变电所投入试运行，10 月 29 日 10 时 45 分，进入同相运行模式，到目前为止，系统运行稳定。现场试验表明：同相供电装置在同相运行模式下，能够完成有功传递功能，显著降低由牵引单相负荷引起的三相电压不平衡度、三相电流不平衡度，且能够完成无功补偿。眉山牵引变电所同相供电装置，如图 1-6 所示。

图 1-6 眉山牵引变电所同相供电装置

二、列车自动过电分相技术

电力系统采用三相供电方式，并要求每一相的电流大致相等，用以保证三相负荷的对称性。电气化铁路是大功率的单相负载，电气化铁路仅从一相取电将造成负荷的严重不对称，会引起较大的负序电流，造成电压不平衡。为尽量保证电力系统三相负荷的对称性，电气化铁路的供电系统采取分段供电方式，每一段由电力系统的不同相供电，通过这种轮流换相方式，实现负荷的基本平衡。这种分段供电、轮流换相的方式形成了电气化铁路牵引供电系统的一个独特结构——电分相。由于给铁路供电采取分段供电方式，每段相位亦不同，段与段之间需通过适当方式进行绝缘，这种段与段之间的绝缘结构即称为电分相。列车在运行过程中，从一个供电段过渡到另一个供电段的过程，称为列车过电分相或列车过分相。为使动车组或电力机车顺利过分相，多种过分相解决方案被提出来，主要有车载自动过分相、地面自动过分相等方案。

目前，应用于高速铁路列车自动过电分相技术主要有地面开关自动换相方式和车载自动换相方式。

（1）地面开关自动切换过电分相

地面自动过分相，是通过地面开关设备与列车位置信号配合，通过开关分相处两端的供电臂电压切换到中性段上。列车通过中性段时，不断电，列车不需要做切换动作，仅由地面开关完成，这种方式在日本得到广泛采用。地面自动过分相方式实现了列车运行过程中不断电，可避免高速列车过分相时的速度损失，有益于高速列车的持续高速运行，增加重载铁路的通过能力。其局限体现在：首先，该过分相模式需在地面设置专门的自动过分相设备，一次性投资较大；其次，地面开关因带负荷频繁开断，受真空开关的寿命制约，需经常更换真空开关，后期维护费用也较大；再次，地面开关需带负荷频繁开断，具有较强的电气冲击，对列车和供电系统均有较强的电气冲击。若解决好开关寿命问题、电气冲击问题，这种自动过分相方式对解决列车过分相将具有重要意义。

地面开关自动切换过电分相系统由设置在线路上的机车位置感应器 1CG、2CG、3CG、4CG；A 相接触网、中性段接触网、B 相接触；串接在 1JY、2JY 上的两台真空负荷开关组成，如图 1-7 所示。图中 1JY、2JY 为中性段与两相接触网构成的绝缘锚段关节。

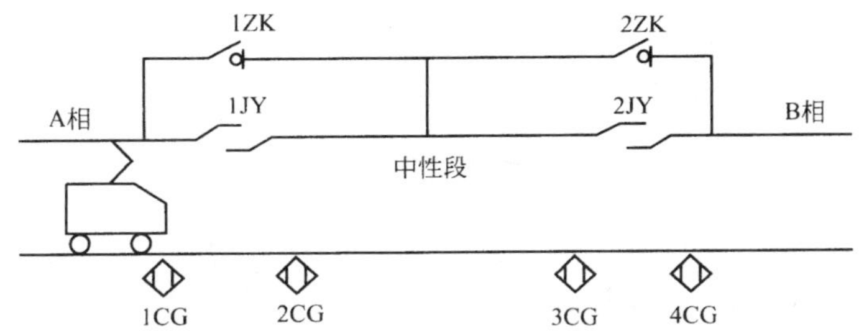

图 1-7　地面开关自动切换过电分相原理示意图

无列车通过分相区时，两台真空负荷开关均处于断开状态，中性段接触网处于“无电”状态，注意，此处的“无电”是指没有电源，实际上，由于存在静电感应，即使没有列车通过，中性段对地电位也在 12～17 kV 之间，不是真正无电。

当列车从 A 相驶来，到达 1CG 时，真空负荷开关 1ZK 闭合，中性段接触网带上 A 相电，待列车进入中性段到达 3CG 时，1ZK 断开、2ZK 随即闭合，中性段由 A 相供电改变为 B 相供电，列车在司机无任何附加操纵和负荷基本不变的情况下通过电分相区，待列车驶离 4CG 后，2ZK 分断，装置回零，各项设备恢复到无列车通过时的状态；当列车从 B 相驶来时，控制系统自动识别，两台真空负荷开关以相反顺序轮流断开与闭合。

地面开关自动切换过电分相装置的优点是列车通过分相区时基本不失电(失电时间在 100 ms 以下)，列车运行平稳，速度损失小；缺点是列车带负荷瞬间换相势必产生危险的过电压，对列车电气设备、供电系统电气设备及其运行安全构成威胁和危害。因此，选择恰当的合闸相位和时间，实现系统与供电设备和列车电气设备间的兼容性是系统的关键技术所在。除此以外，两台真空负荷开关的机电性能、逻辑控制的可靠性、转换过程中产生的过电压消除等是系统的另一关键技术所在。

(2)车载设备自动过分相

车载自动过分相是通过列车与地面信号的配合，在列车上通过列车控制系统模拟司机手动过分相，即自动断辅助电路、断主断路器、合主断路器、合辅助电路等一系列操作过程。该过分相方式的最大特点是列车过分相时，需断电，列车靠惯性通过中性段。该种过分相形式，对于接触网系统没有什么不同，只是过分相的控制系统不是安装在牵引变电所里而是安装在高速行驶的列车中，如图 1-8 所示，系统由安装于电分相区的四个地面磁性感应器和安装于电力机车或动车上的地面感应信号接收器、控制系统、信号指示系统 4 个部分组成。

当列车接收到 1 号(反方向为 4 号)地面感应器的预备信号时，控制装置根据列车实际运行时速计算延时动作时间，一直延时到执行自动过电分相的系列动作开始。为保证机车感应器在可靠接收到 1 号(反方向为 4 号)地面感应器信号之后和接收到 2 号地面感应器信号之前，控制装置可靠分断主断路器，应合理选择 1 号、2 号地面感应器之间的距离，该距离取决于

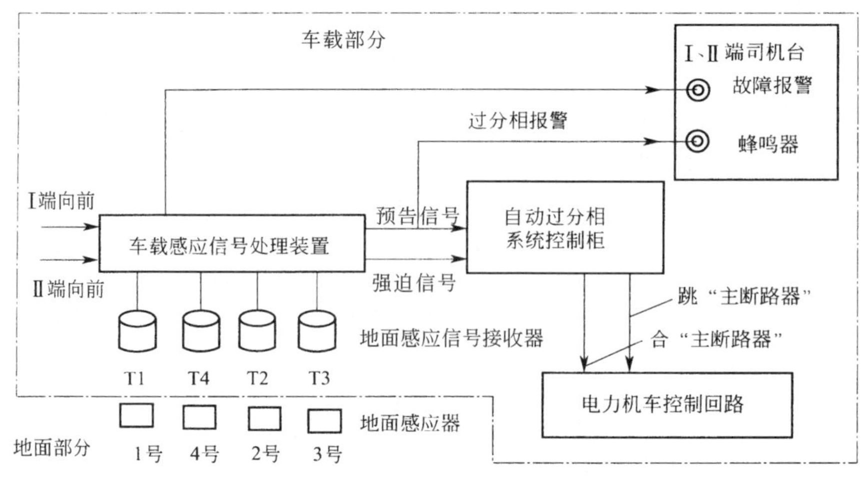

图 1-8 车载自动过分相系统结构简图(虚线内为车载设备)

列车最高运行速度,控制装置在执行断开主断路器前,指示劈相机和各辅机的顺序动作时间,系统响应时间等。

2 号(反方向为 3 号)地面感应器是过电分相时的强迫分断主断路器信号,同时也是机车反向运行时的合闸信号,它还可对过电分相预备信号丢失起到应有的保护作用。当机车收到该信号时,控制装置立即执行自动过电分相的全部动作。为保证当机车感应器可靠接收到 2 号地面感应器的信号后,控制装置在分相区前可靠分断主断路器,应正确选择控制装置的"主断分"脉冲宽度,该脉冲宽度的确定应考虑主断路器的可靠分断及装置本身继电器的动作时间,并以此确定 2 号地面感应器距分相区首端的距离。

该系统的无电区较长,列车有一定速度损失。如何根据接收到的不同地面感应信号时的通过速度、升前弓和升后弓接收感应器所处位置进行精确计算断电和合电的时间和位置,尽量减少机车过分相时的速度损失和断电距离是该系统的关键技术之一。

该系统在过分相区时,同样伴随有较强的过渡过程,过电压对电力机车电器、接触网和变电所设备与运营安全存在严重威胁。如何缩短过渡过程,严格控制过电压峰值是该系统的另一关键技术。

德国采取了与电力系统频率相异的同相供电方式,全线电压同相位,无需过分相,是一种较理想的供电方式。德国模式值得借鉴,但在实现途径上,中国铁路不宜照搬德国模式,因为德国的同相供电是通过铁路自建电网形成的,与公用电网是隔离的,与公用电网的联系是通过交—直—交换流站实现的,这种模式投资较大,短期内在我国进行大规模改造难以实现。

以法、日、德三国为主的高速铁路发达国家采用了不同的过分相方式,总体上看,法国的车载自动过分相模式追求简单实用即可;日本地面自动过分相模式偏向追求性能优良;德国模式通过电网取消分相,性能优良,但投资较大。

我国的普速、高速铁路普遍采用车载自动过分相方式。如我国新建的京沪高速铁路全长 1 320 km,每隔 20～30 km 存在一个电分相,采用车载自动过分相方式,电分相多达 54 处。

第二章　高速铁路牵引变电所结构及主要供电设备

牵引变电所是电气化铁路动力的来源，牵引变电所的最基本功能是把地方电力系统提供的 110 kV 或 220 kV 的高电压转变为电力机车（动车组）所需要的 27.5 kV 电压，因此其最核心的设备就是变压器，当然为了让变电所能够正常运行，必须具有开关设备、计量设备、保护设备等装置。由于变电所电压较高，必须保证设备与设备之间、设备与人之间有一定的安全距离，这样就必须对变电所进行合理的布局，因此本章主要阐述变电所结构与主要的高压设备。

第一节　变电所的结构

地方供电部门通过 220 kV 输电线路将电能输送到高速铁路牵引变电所，西北地区有些变电所的电压为 330 kV，变电所的输出电压为电力机车或动车组所需要的电压等级，传送到由接触网、钢轨回路（包括大地）、馈电线和回流线组成的牵引网，某变电所的全景图如图 2-1 所示。

图 2-1　高速铁路牵引变电所

变电所输出电压根据供电方式确定，直供方式下，变电所均输出 27.5 kV 电压；AT 供电方式下，变电所均输出 2×27.5 kV 电压。

变电所的电气设备布置方式及结构由主接线方式所决定。根据电压等级，牵引变电所的主接线分为进线部分和馈线部分。馈线部分与接触网的供电方式相同，直供方式下馈线的电压等级为 27.5 kV，AT 方式下为 2×27.5 kV。高速铁路 AT 供电方式牵引变电所的主接线图如图 2-2 所示。

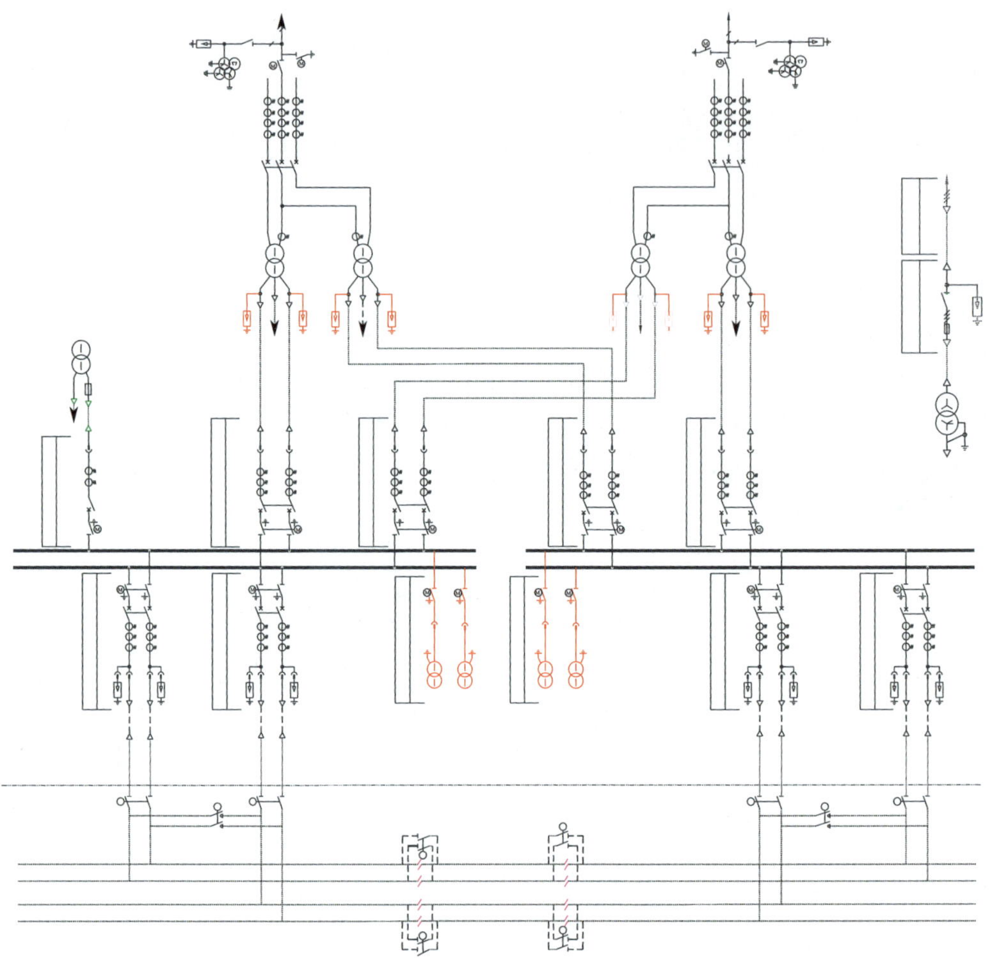

图 2-2 AT 供电方式牵引变电所主接线图

第二节 牵引变压器

变压器是一种静止的电气设备，它利用电磁感应原理将一种电压等级的交流电能转变成另一种电压等级的交流电能。

我国高速铁路的电压等级为 27.5 kV，地方供电部门一般通过 220 kV 的交流电输送到牵引变电所，再通过牵引变压器转换成 27.5 kV 的交流电供给列车，因此牵引变压器是牵引变电所的“心脏”。此外牵引变压器的工作负荷较为特殊，而且外部短路故障较多，因此对牵引变压器的动稳定性与热稳定性要求非常高，要求能在负荷剧烈变化以及外部频繁短路的情况下可靠运行。

一、变压器的工作原理与结构

变压器是根据电磁感应原理工作的。单相变压器的原理图如图 2-3 所示。图 2-3 中在闭合的铁芯上，绕有两个互相绝缘的绕组。其中，接入电源的一侧叫一次侧绕组；输出电能的一侧为二次侧绕组。当交流电源电压 U_1 加到一次侧绕组后，就有交流电流 I_1 通过该绕组，在铁

芯中产生交变磁通 Φ，这个交变磁通不仅穿过一次侧绕组，同时也穿过二次侧绕组，两个绕组分别产生感应电势 E_1 和 E_2，如果二次侧绕组与外电路的负荷接通，便有电流 I_2 流入负荷，即二次侧绕组有电能输出。

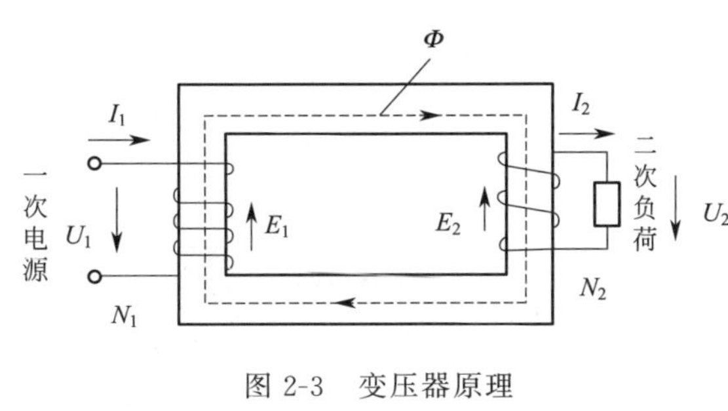

图 2-3　变压器原理

根据电磁感应定律可以导出式(2-1)：

$$\frac{E_1}{E_2}=\frac{N_1}{N_2} \qquad (2\text{-}1)$$

由式(2-1)可见，变压器一、二次侧感应电势之比等于一、二次侧绕组匝数之比。由于变压器一、二次侧的漏电抗和电阻都比较小，可以忽略不计，因此可近似地认为一次电压有效值：$U_1 \approx E_1$，二次电压有效值：$U_2 \approx E_2$。于是有式(2-2)：

$$\frac{U_1}{U_2}=\frac{E_1}{E_2}=\frac{N_1}{N_2}=K \qquad (2\text{-}2)$$

式中　K——变压器的变比。

变压器一、二次侧绕组因匝数不同将导致一、二次侧绕组的电压高低不等，匝数多的一边电压高，匝数少的一边电压低，这就是变压器能够改变电压的道理。

如果忽略变压器的内损耗，可认为变压器二次侧输出功率等于变压器一次侧输入功率，即式(2-3)：

$$U_1 I_1 = U_2 I_2 \qquad (2\text{-}3)$$

式中　I_1——变压器一次侧电流有效值；

I_2——变压器二次侧电流有效值。

由式(2-3)可得出式(2-4)：

$$\frac{I_1}{I_2}=\frac{N_2}{N_1}=\frac{1}{K} \qquad (2\text{-}4)$$

由式(2-4)可见，变压器一、二次侧电流之比与一、二次侧绕组的匝数比成反比。即变压器匝数多的一侧电流小，匝数少的一侧电流大，也就是电压高的一侧电流小，电压低的一侧电流大。

二、变压器的结构

中小型油浸电力变压器典型结构如图 2-4 所示。

1. 铁芯

(1)铁芯结构

变压器的铁芯是磁路部分。由铁芯柱和铁轭两部分组成。绕组套装在铁芯柱上，而铁轭则用来使整个磁路闭合。铁芯的结构一般分为芯式和壳式两类。

芯式铁芯的特点是铁轭靠着绕组的顶面和底面，但不包围绕组的侧面。壳式铁芯的特点是铁轭不仅包围绕组的顶面和底面，而且还包围绕组的侧面。由于芯式铁芯结构比较简单，绕组的布置和绝缘也比较容易，因此我国电力变压器主要采用芯式铁芯，只在一些特种变压器(如电炉变压器)中才采用壳式铁芯。常用的芯式铁芯如图 2-5 所示。近年来，大量涌现的节能型配电变压器均采用卷铁芯结构。

(2)铁芯材料

由于铁芯为变压器的磁路，所以其材料要求导磁性能好，导磁性能好，才能使铁损小，故变

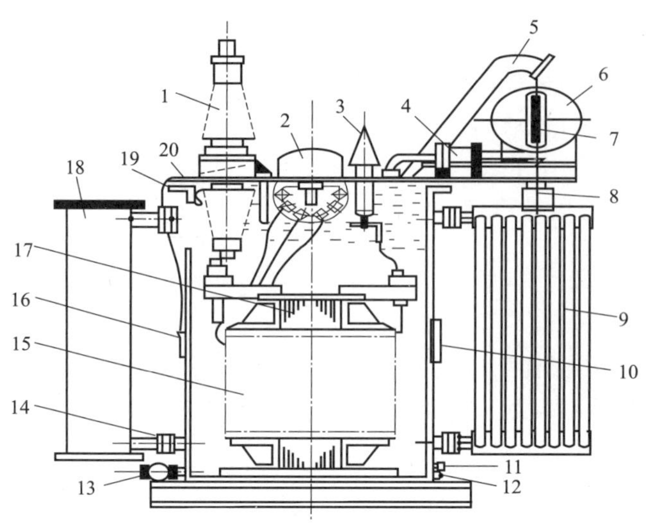

图 2-4　变压器结构示意图

1—高压套管；2—分接开关；3—低压套管；4—气体继电器；5—安全气道(防爆管)；
6—油枕(储油柜)；7—油表；8—呼吸器(吸湿器)；9—散热器；10—铭牌；
11—接地螺栓；12—油样活门；13—放油阀门；14—活门；15—绕组(线圈)；
16—信号温度计；17—铁芯；18—净油器；19—油箱；20—变压器油

压器的铁芯采用硅钢片叠制而成。硅钢片有热轧和冷轧两种。由于冷轧硅钢片在沿着碾轧的方向磁化时有较高的导磁率和较小的单位损耗，其性能优于热轧的，国产变压器均采用冷轧硅钢片。国产冷轧硅钢片的厚度分为 0.35 mm、0.30 mm、0.27 mm 等几种。片厚则涡流损耗大，片薄则叠片系数小，因为硅钢片的表面必须涂覆一层绝缘漆以使片与片之间绝缘。

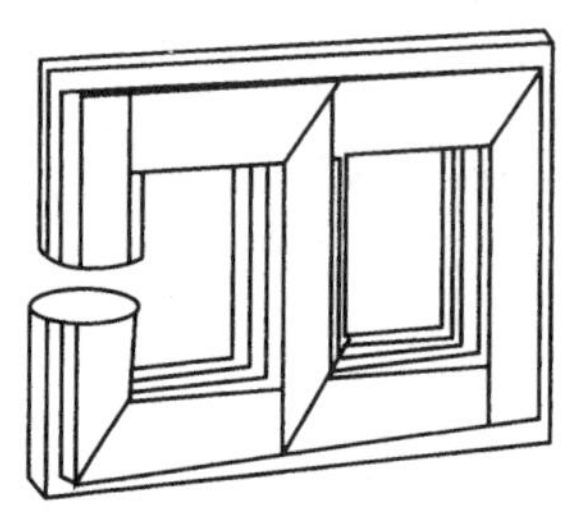

(a) 三相三柱式截面图

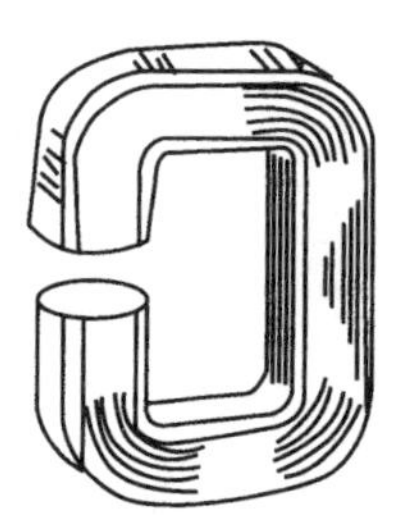

(b) 单相卷铁芯截面图

图 2-5　常用的芯式铁芯

2. 绕组

绕组是变压器的电路部分，一般用绝缘纸包的铝线或铜线绕制而成。根据高、低压绕组排列方式的不同，绕组分为同心式和交叠式两种。对于同心式绕组，为了便于绕组和铁芯绝缘，通常将低压绕组靠近铁芯柱。对于交叠式绕组。为了减小绝缘距离，通常将低压绕组靠近铁轭。

3. 绝缘

变压器内部主要绝缘材料有变压器油、绝缘纸板、电缆纸、皱纹纸等。

4. 分接开关

为了供给稳定的电压、调节负载电流，均需对变压器进行电压调整。目前，变压器调整电压的方法是在其某一侧绕组上设置分接，切除或增加一部分绕组的线匝，以改变绕组的匝数，从而达到改变电压比的有级调整电压的方法。这种绕组抽出分接头以供调压的电路，称为调压电路；变换分接以进行调压所采用的开关，称为分接开关。一般情况下是在高压绕组上抽出适当的分接。这是因为高压绕组一则常套在外面。引出分接方便；二则高压侧电流小，分接引线和分接开关的载流部分截面小，开关接触触头也较容易制造。

变压器二次侧不带负载，一次侧也与电网断开（无电源励磁）的调压方式，称为无励磁调压方式，带负载进行变换绕组分接的调压方式，称为有载调压。

5. 油箱

油箱是油浸式变压器的外壳，变压器的器身置于油箱内，箱内灌满变压器油。油箱结构根据变压器的大小分为吊器身式油箱和吊箱壳式油箱两种。牵引变压器一般采用吊箱壳式油箱，其箱沿设在下部，上节箱身做成钟罩形，故又称钟罩式油箱。检修时无需吊器身，只将上节箱身吊起即可。

6. 冷却装置

变压器运行时，由绕组和铁芯中产生的损耗转化为热量，必须及时散热，以免变压器过热造成事故。变压器的冷却装置是起散热的作用的。根据变压器容量大小不同，采用不同的冷却装置。牵引变压器一般采用自然油循环方式散热，安装有散热风扇，在天气较冷、负荷较小时，靠变压器外壳散热，当天气较热、负荷加大时，一般打开风扇，加速变压器油与外界环境的热交换。

7. 储油柜（又称油枕）

储油柜位于变压器油箱上方，通过气体继电器与油箱相通。当变压器的油温变化时，其体积会膨胀或收缩。储油柜的作用就是保证油箱内总是充满油，并减小油面与空气的接触面，从而减缓油的老化。

8. 安全气道（又称防爆管）

位于变压器的顶盖上，其出口用玻璃防爆膜封住。当变压器内部发生严重故障，而气体继电器失灵时，油箱内部的气体便冲破防爆膜从安全气道喷出，保护变压器不受严重损害。

9. 吸湿器

为了使储油柜内上部的空气保持干燥，避免工业粉尘的污染，储油柜通过吸湿器与大气相通。吸湿器内装有用氯化钙或氯化钴浸渍过的硅胶，它能吸收空气中的水分。当它受潮到一定程度时，其颜色由蓝色变为粉红色。

10. 气体继电器

位于储油柜与箱盖的连接管之间。在变压器内部发生故障（如绝缘击穿、匝间短路、铁芯事故等）产生气体或油箱漏油等使油面降低时，接通信号或跳闸回路，保护变压器。

11. 高、低压绝缘套管

变压器内部的高、低压引线是经绝缘套管引到油箱外部的，它起着固定引线和对地绝缘的作用。套管由带电部分和绝缘部分组成。带电部分包括导电杆、导电管、电缆或铜排。绝缘部分分外绝缘和内绝缘。外绝缘为瓷管，内绝缘为变压器油、附加绝缘和电容性绝缘。

三、变压器运行要求

1. 变压器允许运行方式

(1)允许温度与温升

变压器运行时，其绕组和铁芯产生的损耗转变成热量，一部分被变压器各部件吸收使之温度升高，另一部分则散发到其他介质中。当散发的热量与产生的热量相等时，变压器各部件的温度达到稳定，不再升高。变压器运行时各部件的温度是不同的，绕组温度最高，铁芯次之，变压器油的温度最低。为了便于监视运行中变压器各部件的温度，规定以上层油温为允许温度。

变压器的允许温度主要决定于绕组的绝缘材料。我国电力变压器大部分采用 A 级绝缘材料,即浸渍处理过的有机材料,如纸、棉纱、木材等。对于 A 级绝缘材料,其允许最高温度为 105 ℃,由于绕组的平均温度一般比油温高 10 K,同时为了防止油质劣化,所以规定变压器上层油温最高不超过 95 ℃。而在正常状态下,为了使变压器油不致过速氧化,上层油温一般不应超过 85 ℃。对于强迫油循环的水冷或风冷变压器,其上层油温不宜经常超过 75 ℃。

当变压器绝缘材料的工作温度超过允许值时,其使用寿命将会缩短。

变压器的温度与周围环境温度的差称为温升。当变压器的温度达到稳定时的温升称为稳定温升。稳定温升大小与周围环境温度无关,它仅决定于变压器损耗与散热能力。所以,当变压器负载一定(即损耗不变),而周围环境温度不同时,变压器的实际温度就不同。我国规定周围环境最高温度为 40 ℃。

对于 A 级绝缘的变压器在周围环境最高温度为 40 ℃时,其绕组的允许温升为 65 K,而上层油温则为 55 ℃。所以变压器运行时上层油温及其温升不超过允许值,就可保证变压器在规定的使用年限安全运行。

(2)变压器过负载能力

在不损害变压器绝缘和不降低变压器使用寿命的前提下,变压器在较短时间内所能输出的最大容量为变压器的过负载能力。一般以过负载倍数(变压器所能输出的最大容量与额定容量之比)表示。

变压器过负载能力可分为正常情况下的过负载能力和事故情况下的过负载能力。

①变压器在正常情况下过负载能力:由于牵引负荷短时超过额定负载 2 倍甚至更高的情况属于正常现象,牵引变压器必须能够承受这些过负荷。

②变压器在事故时过负载能力:当线路或变电站发生事故时,为保证对重要设备的连续供电,允许变压器短时过负载的能力称为事故过负载能力。

③变压器允许短路:当变压器发生短路故障时,由于保护动作和断路器跳闸均需一定的时间,因此难免不使变压器受到短路电流的冲击。

变压器突然短路时,其短路电流的幅值一般为额定电流的 25～30 倍。因而变压器的铜损将达到额定电流的几百倍,故绕组温度上升极快。目前,对绕组短时过热尚无限制的标准。一般认为,对绕组为铜线的变压器温度达到 250 ℃是允许的,对绕组为铝线的变压器则为 200 ℃。而到达上述温度所需时间大约为 5 s 左右。此时继电保护早已动作,断路器跳闸。因此,一般设计允许短路电流为额定电流的 25 倍。

(3)允许电压波动范围

施加于变压器一次侧绕组的电压因电网电压波动而波动。若电网电压小于变压器分接头电压,对变压器本身无任何损害,仅使变压器的输出功率略有降低。变压器的电源电压一般不得超过额定值的±5%。不论变压器分接头在任何位置,只要电源电压不超过额定值的±5%,变压器都可在额定负载下运行。

2. 变压器油及运行

(1)变压器油的作用

变压器油是流动的液体,可充满油箱内各部件之间的气隙,排除空气,从而防止各部件受潮而引起绝缘强度的降低。

变压器油本身绝缘强度比空气大,所以油箱内充满油后,可提高变压器的绝缘强度。变压器油还能使木质及纸绝缘保持原有的物理和化学性能,并使金属得到防腐作用,从而使变压器的绝缘保持良好的状态。此外，变压器油在运行中还可以吸收绕组和铁芯产生的热量，起到散热和冷却的作用。

(2)变压器油运行

①变压器试验。新的和运行中的变压器油都需要做试验。按规定，变压器油每年要取样试验。试验项目一般为耐压试验、介质损耗试验和简化试验。取油样注意的事项：应在天气干燥时进行；从变压器底部阀门处放油取样；先将积水和底部积存的污油放掉，然后用净布将油阀门擦净，再继续放少许油冲洗，并用清洁油将取样瓶洗涤干净，再将油灌入瓶内，灌油时应严防泥土等杂质混入。

②变压器油运行管理。应经常检查充油设备的密封性，储油柜、呼吸器的工作性能，以及油色、油量是否正常；另外，应结合变压器运行维护工作，定期或不定期取油样作油的气相色谱分析，以预测变压器的潜伏性故障，防止变压器发生事故。

在高温或紫外线作用下，油会加速氧化，所以，一般不应置油于高温下和透明容器内。

牵引变压器运行中补油时注意事项：

①应补入相同牌号的油，也应作耐压试验。

②补油后要检查气体继电器，及时放出气体。若在 24 h 后无问题，可重新将气体保护接入掉闸回路。

对在运行中已经变质的油应及时进行处理，使其恢复到标准值，具有良好的性能。

四、牵引变压器接线方式

上面的章节已经介绍牵引变压器的接线方式包括了单相变压器、Scott 接线变压器、YNd11 接线变压器、Vx 接线变压器等，高速铁路中主要采用 Vx 接线变压器、单相变压器，下面分别介绍。

(1)单相变压器

由于电网采用的是三相交流电，而列车使用的是单相交流电，因此牵引变电所使用的变压器分为单相变压器、三相变压器和平衡变压器 3 种。单相牵引变压器如图 2-6 所示。单相接线运行时，容量利用率可达 100%，主接线简单，设备少，占地面积小，投资少，但不能供应地区和牵引变电所三相负荷用电。在电力系统中，单相牵引负荷产生的负序电流较大，对接触网的

图 2-6　单相变压器实物图

供电不能实现双边供电。在电力系统容量较大，电力网比较发达，三相负荷用电能够可靠的由地方电网得到供应的场合可以采用这种运行方式。

(2)Vx 接线变压器

Vx 接线变压器接线图如图 2-7 所示。Vx 接线变压器结构简单，容量利用率高，两套绕组容量可分别配置，对电力系统负序的影响小。Vx 接线变压器已成为我国高速铁路牵引变压器的主要选择方案之一，目前主要采用两台单相变压器通过外部接线构成 Vx 接线的方式。

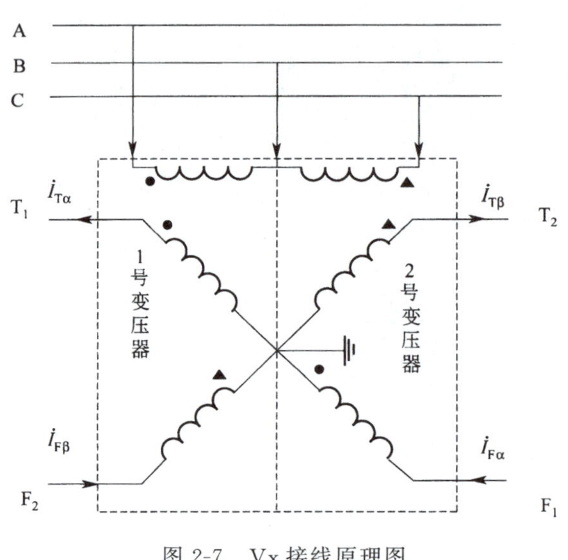

图 2-7　Vx 接线原理图

第三节　高压开关电器

高压开关电器用以分、合电路。其种类较多，如断路器、隔离开关、负荷开关、熔断器等，其中以断路器结构最复杂，性能最完善，地位最重要。

一、高压断路器概述

在高压电路中，断路器可用来通断负荷电流；与继电保护装置配合迅速切断短路电流。它是一种具有开关和保护双重作用、有很强的灭弧能力、性能较完善的高压开关。

根据断路器采用灭弧介质的不同，牵引变电所使用的断路器主要分为油断路器、六氟化硫(SF_6)气体断路器和真空断路器 3 种。高速铁路中进线侧一般采用六氟化硫(SF_6)气体断路器，馈线侧采用真空断路器或 GIS 开关柜，馈线侧 GIS 开关柜中断路器灭弧室也同样采用真空的方式。

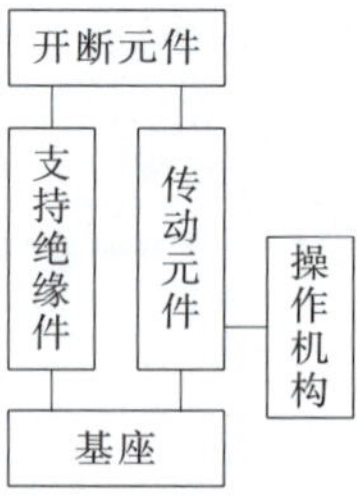

开断元件
支持绝缘件
传动元件
操作机构
基座

图 2-8　高压断路器的基本结构

高压断路器的基本结构如图 2-8 所示。其中开断元件是核心，开关设备的控制、保护及安全隔离等方面的任务都需由它来完成。其他组成部分都是配合开断元件为完成上述任务而设置的。

高压开关基本组成部分的主要零部件及其功能如表 2-1 所示。

表 2-1　高压开关基本组成部分及其功能

名　称	主要零部件	功　　能
开断元件	主灭弧室、主触头系统、主导电回路辅助灭弧室、辅助触头系统、并联电阻等	开、断及关、合电力线路，安全隔离电源
支持绝缘件	瓷柱、瓷套管、绝缘管等构成的支柱本体、拉紧绝缘子等	保证开断元件有可靠的对地绝缘，承受开断元件的操作力及各种外力
传动元件	各种连杆、齿轮、拐臂、液压管道、压缩空气管道等	将操作命令及操作功传递给开断元件的触头和其他部件
基座	开关本体的底架、底座	整台产品的基础
操动机构	弹簧、液压、电磁、气动及手动机构的本体及其配件	为开断元件分合闸操作提供能量，并实现各种规定的操作

高压断路器的特性和工作性能，可用它的基本参数来表示。断路器的基本参数有：

(1)额定电压 U_N

断路器正常、长期工作的电压称为额定电压，一般指线电压。U_N 的大小主要取决于断路器的绝缘。

(2)额定电流 I_N

在标准环境温度下，电气设备长期通过的、发热不超过允许值的最大负荷电流称为额定电流。

(3)额定开断电流 I_{NK}(额定断流量)

在额定电压下，断路器能够可靠开断的最大电流为额定开断电流。

(4)额定断流容量 S_{NK}

由于开断能力和额定电压、开断电流有关，因此，通常采用一个综合参数，即以额定断流容量来表示断路器的开断能力。

(5)热稳定电流 $I_{N \cdot t}$

断路器在规定时间内(国标为 4 s)所允许通过的最大电流称为热稳定电流。

(6)极限通过电流 $i_{N \cdot es}$

断路器在闭合状态时允许通过的短路电流最大瞬时值称为极限通过电流或动稳定电流。

(7)分闸时间 t_0

在额定操作电压或压力下，从断路器分闸线圈通电开始至三相电弧完全熄灭为止，这段时间称为分闸时间。

(8)合闸时间 t_c

在额定操作电压或压力下，从断路器合闸线圈通电开始至主触头刚接触为止，这段时间称为合闸时间。

(9)自动重合闸无电流间隔时间

从断路器第一次分闸、三相电弧完全熄灭起，至重新合闸成功线路出现电流为止，这段时间称为自动重合闸无电流间隔时间。

(10)自动重合闸时间

分闸时间加上重合闸无电流间隔时间即为自动重合闸时间。

二、六氟化硫断路器

由于六氟化硫(SF_6)断路器开断能力强，断口电压便于做得较高，允许连续开断次数较多，适于频繁操作，噪声小，无火灾危险等，在我国高速铁路中广泛应用。200 kV 六氟化硫断路器如图 2-9 所示。

六氟化硫断路器具有如下特点：

(1)开断能力强

六氟化硫断路器是通过吹出六氟化硫气体来完成吹弧，它的吹弧速度快、燃弧时间短、开断电流大，能有效保护中、高压电路的安全。六氟化硫断路器在断开电容或电感电流后，不存在重燃和复燃的危险。

(2)电气寿命长

六氟化硫断路器的使用寿命很长、检修周期长，并能适应短时间内的频繁操作，有良好的安全性和耐用性。六氟化硫断路器在 50 kA 满容量的情况下能连续开断 19 次，断开的电流累计达到了 4 200 kA。

(3)绝缘水平高

六氟化硫断路器采用六氟化硫气体作为绝缘介质，这种气体的绝缘水平极高，在 0.3 MPa 气压下，能轻松通过各种绝缘实验，并有较大的裕度。

(4)密封性能好

六氟化硫断路器的结构简单、密封性好，灭弧室、电阻和支柱成独立气隔，且六氟化硫本身的含水量较低。六氟化硫断路器的安装和检修方便，不需打开断路器的内部结构，能保持六氟化硫断路器内部良好的密闭性。

(a) 三相断路器

(b) 单相断路器

图 2-9　220 kV 六氟化硫断路器

运行中，六氟化硫断路器具有如下常见故障：

(1)若合闸操作前红、绿指示灯均不亮，说明控制回路断线或无控制电源(如控制熔断器熔断)。可检查控制电源和整个控制回路上的各个元件是否正常，如操作电压是否正常、熔丝是否熔断、防跳继电器是否正常、断路器辅助触点是否良好、有无气压降低闭锁等。

(2)当操作合闸后红灯不亮，绿灯闪光且事故喇叭响时，说明操作手柄位置和断路器的位置不对应，断路器未合上。其常见原因有合闸回路熔断器的熔丝熔断或接触不良、合闸接触器未动作、合闸线圈发生故障。

(3)当操作断路器合闸后,绿灯熄灭、红灯亮,但瞬间红灯又灭绿灯闪光,事故喇叭响,说明断路器合上后又自动跳闸。其原因可能是断路器合在故障线路上造成保护动作跳闸或断路器机械故障不能使断路器保持在合闸状态。

(4)若操作合闸后绿灯熄灭、红灯不亮,但电流表计已有指示,说明断路器已经合上。可能的原因是断路器辅助触点或控制开关触点接触不良、跳闸线圈断开使回路不通、控制回路熔丝熔断、指示灯泡损坏等。

(5)分闸回路直流电源两点接地。

三、真空断路器

真空断路器是指触头在高真空中开断电路的断路器。它利用高真空作为绝缘介质和灭弧介质。真空断路器如图 2-10 所示。

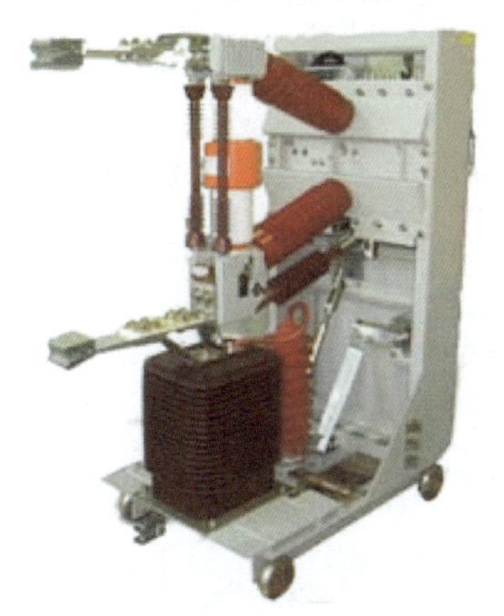

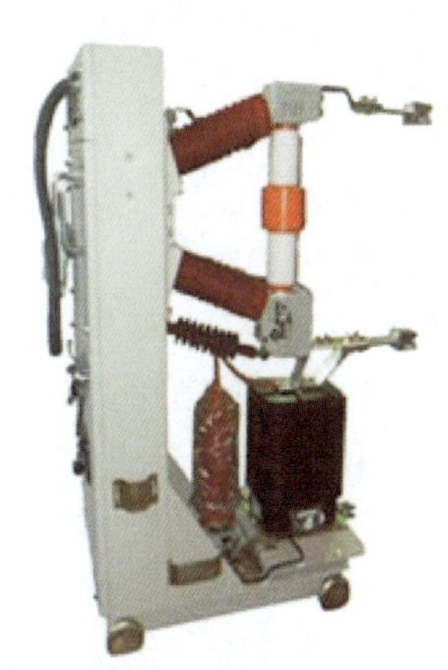

图 2-10　真空断路器实物图

在高真空中,气体分子的密度极小,分子的平均自由程度大,当电子或负离子从阴极向阳极运动时,与气体分子碰撞的机会极少,即使发生了碰撞,也不会发生链式增殖反应,使真空间隙被游离击穿。所以,真空间隙具有很高的绝缘强度。真空间隙的绝缘强度与很多因素有关,主要与真空间隙的长度、真空度、电极材料、电极表面状态、形状和大小、施加电压的波形和频率等因素有关。真空断路器中的真空度一般为 133.3×10^{-8}～133.3×10^{-4} Pa。

在高真空中,弧柱内外压力差和质点密度差极大,弧柱内质点有很高的扩散速度,且几乎没有阻力的向四周扩散,一般经过几微秒或十几微秒,内弧区实际上已变成了真空间隙,具有很高的耐压水平,即真空间隙的绝缘强度便能恢复,可有效地阻止交流电弧过零后的重燃,故真空间隙具有优良的灭弧性能。

(1)真空电弧的形成

在触头带电流分离时,电极表面金属由于电流产生高温或强电场发射自由电子束轰击产生金属蒸气,金属原子电离产生带电离子定向移动形成传导电流。

(2)真空电弧的熄灭

电流过零时,真空电弧熄灭,残余的等离子体内的各种粒子在数个微秒内向四周扩散完,弧区介电强度迅速提高,实际上已变成了真空间隙,足以承受很高的恢复电压而不致击穿。

(3)真空电弧的截流现象

当电弧电流很小时,真空电弧是不稳定的。电弧的不稳定性表现为截流现象。所谓截流现象就是交流真空电弧不在工频电流自然过零瞬间熄灭,而是在自然过零前,电流为 I_0 时突然熄灭。由于电路中总有电感存在,当截断电流 I_0 值较大时,若电弧突然熄灭,很大的电流变化率将引起截流过电压,从而危及人身及设备的安全。可以采取避雷器等保护措施来防止截流产生的过电压。

四、隔离开关

隔离开关是一种没有专门灭弧装置的开关设备。在分闸状态有明显可见的断口,在合闸状态时能可靠地通过正常工作电流和额定范围内的短路、故障电流。它在牵引供电系统中用量最多、分布最广、操作最频繁。

1. 隔离开关的主要用途

(1)隔离电源

利用隔离开关断口的可靠绝缘能力,使需要检修或分段的线路与带电线路相互隔离,以确保检修工作的安全。

(2)隔离开关与断路器配合进行倒闸操作

操作隔离开关时必须注意:绝不允许带负荷电流分闸,否则,断口间产生的电弧将烧毁触头或形成三相电弧短路,造成供电中断。因此,当隔离开关与断路器串联于电路中时,隔离开关必须遵守先合后分的原则;在并联时,必须遵守先分后合的原则。

(3)通断小电流电路

用隔离开关可以通、断电压互感器和避雷器电路;通、断激磁电流不超过 2 A 的空载变压器电路;通、断电容电流不超过 5 A 的空载线路;通、断母线和直接接在母线上的电气设备的电容电流;通、断变压器中性点的接地线。

2. 隔离开关的种类与技术要求

(1)隔离开关的种类

隔离开关可按安装地点的不同、绝缘支柱的数目不同、闸刀运动方式的不同、断口接地刀数量的不同进行分类。

(2)对隔离开关的基本技术要求

①开关的断路距离和绝缘部分在任何形式的过电压下不致击穿和闪络。

②开关有足够的热、动稳定性。

③主闸刀和接地刀、隔离开关和断路器间应有可靠的联锁装置,以防止误操作。

④隔离开关的结构应简单,动作要可靠、灵活。户外式隔离开关在恶劣的气象条件下也能可靠分、合闸。

⑤隔离开关应能承受一定的操作次数。

3. 隔离开关的结构

隔离开关的本体结构由 4 部分组成:本体底座、支持绝缘、开断元件(如触头、闸刀)、传动装置。

如图 2-11 所示的隔离开关的闸刀由 2 个可以绕轴旋转(轴上装有轴承可减小分合闸时的摩擦阻力)的棒式支柱绝缘子支持,与棒式绝缘子轴连接的交叉连杆可保证两棒式绝缘子在转动时能同步的向两个相反的方向(一个顺时针,一个逆时针方向)同时转动,带动闸刀水平旋转90°完成分、合闸。

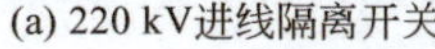
(a) 220 kV进线隔离开关

(b) 27.5 kV馈线隔离开关

图 2-11　户外隔离开关实物图

五、熔断器

1. 熔断器的作用及种类

熔断器一般用于 27.5 kV 侧和所用变压器附近,是最简单和最早采用的一种保护电器,并兼有开关的作用,常和被保护的电气设备串接于电路中使用,如图 2-12 所示。当电路中流过短路电流时,利用熔件产生的热量使本身熔断,从而切断电路,起到保护电气设备、缩小事故范围的作用。

熔断器可分为限流和不限流两大类。在熔件熔化后,其电流未达到最大值之前就立即减小到零的熔断器称为限流熔断器。这种熔断器中装有特种灭弧物质(如一定粒度的石英砂等)或熔件熔断时产生特种灭弧介质(如产气纤维管在电弧高温下分解出的氢气等),故具有很强的灭弧能力。如 RN_1、RN_2 型高压熔断器,RL、RTO 型低压熔断器等。在熔件熔化后,电流几乎不减小,继续增至最大值,电流经一次或几次过零后,电弧才熄灭切断电路的熔断器称为不限流熔断器。这种熔断器中无特殊的灭弧介质,或熔件熔断时不产生特种灭弧介质,仅靠熔断时产生电弧使熔件熔化,从而拉长电弧,最后使电弧熄灭,故灭弧能力较弱,熔断时间较长。如低压熔断器中的 RC 型熔断器等。

图 2-12　熔断器实物图

2. 熔断器的基本结构

(1)外壳(又称熔件管)

熔断器的熔件管有瓷、胶木、产气纤维等几种。瓷熔件管内一般充有石英砂,用于限流熔断器,胶木熔件管一般用于不限流熔断器。

(2)熔件(又称保险丝)

熔件用不同材质的金属(如铜、铅、锡、锌等)制成不同形状、不同截面,以通过不同的额定电流。如丝状、片状、栅状等。

(3)金属触头及触头座

熔件管两端装有金属触头(两触头间用熔件电连接),并与触头座相配合。一般由铜材料制成。它们允许通过的最大工作电流称为熔断器的额定电流。在使用熔断器时,应使熔件的额定电流小于或等于熔断器的额定电流。

(4)支持绝缘子及底座

支持绝缘子固定在底座上,用于安装固定金属静触头座及熔件管。低压熔断器一般无支持绝缘子,触头座直接安装在底板上。

3. 熔断器的主要优缺点

熔断器结构简单,安装维修方便,但不能作正常的分、合电路使用。因熔断器动作后必须更换熔件,势必造成局部停电。另外,其保护特性易受外界因素的影响。在功率较小和对保护特性要求不高的配电装置中得到广泛的应用,在牵引供电系统中应用较少。

第四节　高压互感器

一、互感器概述

为保证系统的安全和经济运行,需要对系统及其中各电力设备的相关参数进行测量,以便对其进行必要的计量、监控和保护。通常的测量和保护装置不能直接接到高电压、大电流的电力回路上,而需将这些高电平的电力参数按比例变换成低电平的参数或信号,以供给测量仪器、仪表、继电保护和其他类似电器使用。

互感器(包括电压互感器和电流互感器)是一次系统(主电路)和二次系统(控制电路)间的联络元件;是牵引供电系统中测量和保护用的重要电气设备。

互感器的作用是:

(1)将二次电气设备(如仪表、继电器等)与高电压、强电流的一次电路隔离,以解决其测量中的绝缘问题,保证人身和设备的安全。

(2)准确的变换电压、电流。将一次电路中的高电压、大电流变为二次回路的低电压(一般为 100 V)和小电流(一般为 5 A)向测量仪表和继电器的电压线圈和电流线圈供电,即做二次设备的交流电源。

(3)使二次电气设备标准化、系列化、小型化,接线灵活、方便,不受主电路的限制,便于实现远距离集中控制、测量、保护。

互感器有电流互感器、电压互感器之分。电流互感器用在各种电压级的交流装置中,其原边绕组串联于一次电路内,其副边绕组与测量仪表和继电器的电流线圈串联。电压互感器高压侧并联于一次电路内,其输出端与测量仪表和继电器的电压线圈并联连接。目前,大量采用的电磁式互感器和电容式电压互感器。由于测量仪表的准确性和继电保护装置动作的可靠性主要由互感器的准确度来保证,因此,目前世界各国正在研制技术性能更完善的新型互感器。例如:①利用法拉第磁光效应工作的磁光式互感器;②利用霍尔效应工作的电光式互感器;③利用发光二极管的光电式互感器。在前两类中广泛采用激光器作为光源或使用微波源;后一类中用发光二极管作为光源。

二、电流互感器

电流互感器的基本电路如图 2-13 所示。电流互感器的一次侧绕组和二次侧绕组绕在同一个磁路闭合的铁芯上。如果一次侧绕组带电而二次侧绕组开路,互感器成为一个带铁芯的电抗器。一次侧绕组中的电压降等于铁芯磁通在该绕组中引起的电动势，铁芯磁通也在二次侧绕组中感应出相应的电动势。如果二次侧绕组的回路通过一个阻抗形成闭路，则二次回路中将产生一个电流，此电流在铁芯中产生的磁通趋向于抵消一次侧绕组电流产生的磁通。忽略误差时，二次回路电流与一次回路电流之比值等于一次侧绕组与二次侧绕组匝数之比。

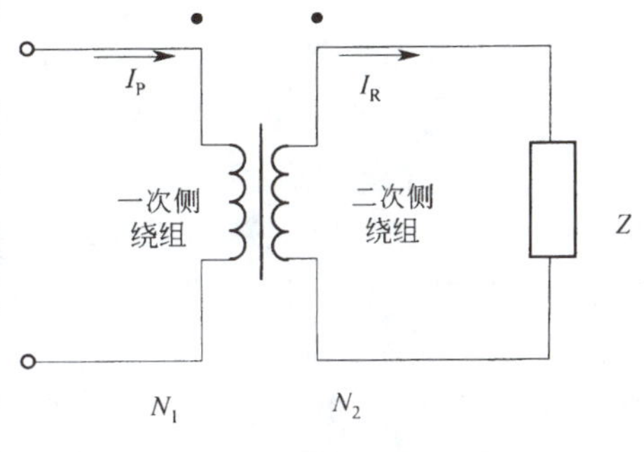

图 2-13　电流互感器的原理

电流互感器的用途是实现被测电流值的变换，与普通变压器不同的是其输出容量很小，一般不超过数十伏安，供给电子仪器或数字保护的互感器，输出功率可能低到毫瓦级。一组电流互感器通常有多个铁芯，即具有多个二次侧绕组，提供不同的用途。220 kV 牵引变电所进线电流互感器如图 2-14 所示。

电流互感器的一次侧绕组通常串联于被测量的一次电路中，二次绕组通过导线或电缆串接仪表及继电保护等二次设备。电流互感器二次电流在正常运行及规定的故障条件下，应与一次电流成正比，其比值和相位误差不超过规定值。电流互感器的额定一次电流和额定二次电流是作为互感器性能基准的一次电流和二次电流。

图 2-14　220 kV 牵引变电所进线电流互感器

电流互感器按其用途和性能特点可分为两大类：一类是测量用互感器，主要在供电系统正常运行时，将相应电路的电流变换供给测量仪表、积分仪表和其他类似电器，用于运行状态监视、记录和电能计量等用途。另一类是保护用互感器，主要在供电系统非正常运行和故障状态下，将相应电路的电流变换供给继电保护装置和其他类似电器，以便起动开关设备清除故障，也可实现故障监视和故障记录等。

测量用和保护用两类电流互感器的工作范围和性能差别很大，一般不能共用。但可组装在一组电流互感器内，出不同的铁芯和二次侧绕组分别实现测量和保护的功能。

在现代低功率的电子式互感器，有时是将电流互感器和电压互感器组合在一起成为复合互感器。

电流互感器的一次侧绕组直接串接于高电压回路，属于高压电器，其绝缘性能和结构是互感器设计和应用需要考虑的重要问题。

1. 电流互感器的工作特性

电流互感器的原绕组串联于一次电路内，并且其匝数 W_1 很少，通常仅一匝或几匝。因此，原边绕组中的电流完全取决于一次电路内的负荷电流，而与电流互感器副边绕组内的电流无关。电流互感器副边绕组的匝数 W_2 较多，为原边绕组的若干倍。因此，二次侧电路内的电流远小于一次侧电路内的电流。电流互感器的额定电流比(互感比)K 定义为原边、副边绕组额定电流之比，即式(2-5)：

$$K_i=\frac{I_N}{I_n}\approx\frac{W_2}{W_1} \tag{2-5}$$

式中 W_1、W_2——原边、副边绕组匝数。

电流互感器原边绕组额定电流 I_N在设计时已标准化(如 I_N=200 A、400 A、600 A…),副边绕组额定电流 I_n 一般统一为 5 A,故 K_i亦标准化。

电流互感器副边绕组所接负载全是仪表和继电器的电流线圈,其阻抗值很小,与副边绕组本身阻抗相比,可忽略不计,所以,电流互感器正常工作时,其副边工作在近似短路状态,相当于变压器副边短路运行。

运行中当电流互感器副边绕组如果开路,将在副边绕组上感生一个峰值达数千伏(随原边额定电流的增大而增大)的电势,危及人身和设备的安全;同时由于铁芯中磁通的骤增,引起电流互感器的铁损迅速增加,使铁芯剧烈发热,导致电流互感器损坏;急剧增加的磁通导致铁芯严重磁化,使剩磁增加,从而加大了电流互感器的误差。因此,电流互感器在运行中绝对不允许副边绕组开路,电流互感器副边绕组一端必须接地,互感器二次侧不允许加装熔断器。

2. 电流互感器的类型及结构

电流互感器的种类很多,按原边绕组匝数多少可分为:

(1)单匝式电流互感器

原边绕组由穿过闭合铁芯的单根载流导体制成,铁芯上绕有副边绕组。这种电流互感器结构简单,体积小,短路时稳定性高,原边绕组不会发生匝间短路或匝间过电压。其主要缺点是当被测电流很小时,原边磁势不足而使误差增大,在保证准确度时其负载能力较低。故一般用于电流较大(600~1 000 A)的电路中。

(2)多匝式电流互感器

由于单匝式电流互感器副边绕组功率不大,为满足二次负荷的需要,电流互感器的原边绕组由穿过铁芯的一些线匝制成,铁芯上绕有副边绕组。其主要优点是当原边电流很小时,也可制成准确度足够高的电流互感器。多匝式电流互感器的缺点恰与单匝式电流互感器的优点相对应。

不论单匝式或多匝式电流互感器,其原边绕组可为数个铁芯所共用,每个铁芯上都有一个副边绕组以组成不同的准确度等级,且互不影响,以适应不同的需要。

三、电压互感器

1. 电压互感器的种类及结构

电压互感器按其特征分类如下:

(1)按安装地点分为户内式和户外式,如图 2-15 所示。

(2)按相数分为单相式和三相式,牵引供电系统中一般采用单相式。

(3)按绕组数分为双绕组和三绕组电压互感器。三绕组电压互感器除具有供给测量仪表和保护继电器的基本副绕组外,还有一个辅助副绕组,用来接入监视电网绝缘状况的仪表和保护接地继电器。

(4)按绝缘方式分为干式、浇注式、油浸式和充气式电压互感器。

(5)按照原理可分为电磁式电压互感器和电容式电压互感器,高速铁路中一般采用电容式电压互感器,但电磁式电压互感器也是电容式电压互感器的基础。

2. 电容式电压互感器

随着牵引供电系统高压侧电压的提高,电磁式电压互感器的体积将越来越大,造价也越来越高,因此需寻求其他型式的电压互感器来代替电磁式电压互感器。

电容式电压互感器以其体积小、质量轻、制造简单、造价低,绝缘性能强和可兼做高频载波

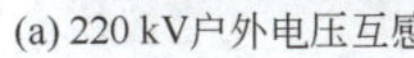
(a) 220 kV户外电压互感器

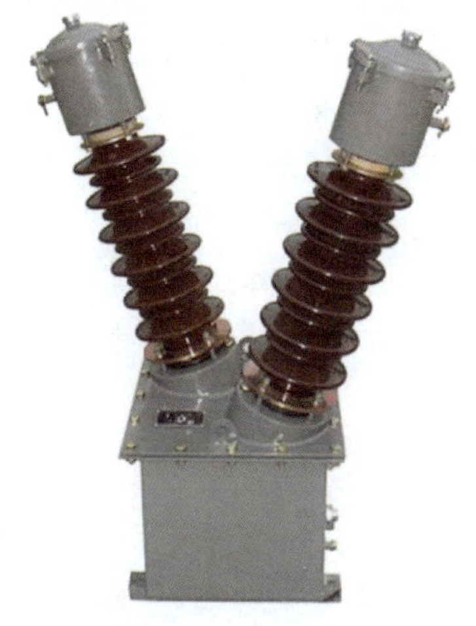
(b) 27.5 kV户内电压互感器

图 2-15　牵引变电所电压互感器实物图

通信的耦合电容等优点，在高速铁路牵引供电系统中得到广泛应用。其主要缺点是易受频率、温度、电压分布均匀程度、二次负荷电流大小等因素的影响，测量时误差较大，输出容量较小。

电容式电压互感器实质上是电容分压器与电磁式互感器的联合体，分压原理如图 2-16 所示。它由若干个电容器串联接于电网相电压上。若最末一个电容器的电容为 C_2，而其他电容器的等效电容为 C_1，则当外加电压为 U_1 时，C_2 上分得的电压为：

$$U_2=\frac{C_1}{C_1+C_2}U_1 \tag{2-6}$$

电容分压器的分压比 K_U 为式(2-7)：

$$K_U=\frac{U_1}{U_2}=\frac{C_1+C_2}{C_1} \tag{2-7}$$

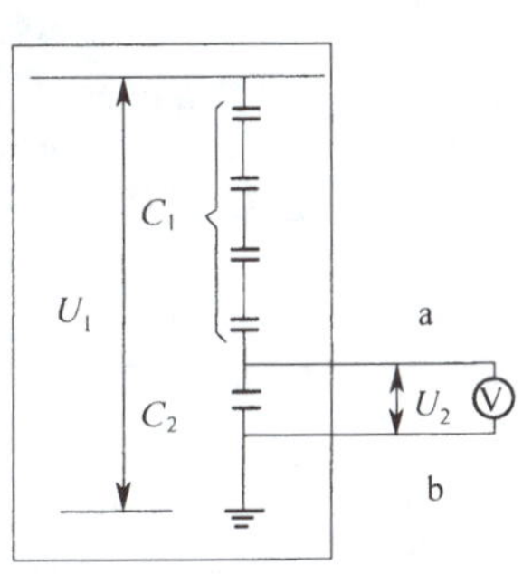

图 2-16　电容分压器的原理

改变 C_1 和 C_2 的值，可得到不同的分压比，即可得到所需的二次电压 $U_2=U_1/K_U$。当由 n 个相同的电容器串联接于相电压上时，相电压均匀分布在每个电容器上，所以每个电容器上承受的电压为 $U_C=U\varphi/n$。

第五节　气体绝缘全封闭组合电器(GIS)

1. GIS 组合电器简介

在常规敞开式变电站，所有高压设备都单独暴露在空气中，因此设备对地绝缘，以及设备之间的绝缘都以空气间隙击穿电压为标准进行设计。随着社会的发展，用地空间越来越紧张，为了节省用地面积，GIS 组合电器越来越广泛地在电力行业中得到应用。

GIS(Gas Insulated Substation)是气体绝缘全封闭组合电器的英文简称。GIS 由断路器、隔离开关、接地开关、互感器、避雷器、母线、连接件和出线终端等组成，这些设备或部件全部封闭在金属接地的外壳中，在其内部充有一定压力的六氟化硫绝缘气体，故也称六氟化硫全封闭组合电器。与常规敞开式变电站相比，GIS 的优点在于结构紧凑、占地面积小、可靠性高、配置灵活、安装方便、安全性强、环境适应能力强，维护工作量很小。

高速铁路牵引变电所馈线侧高压设备普遍采用 GIS 开关柜，如图 2-17、图 2-18 所示，牵引变压器出线由高压电缆直接引入 GIS 开关柜。

图 2-17 高压室 2×27.5 kV 全封闭组合电器现场应用

图 2-18 2×27.5 kV 全封闭组合电器内部结构

城市周边变电所对占地具有很高要求时，220 kV 高压侧也采用 GIS 全封闭组合电器，如图 2-19、图 2-20 所示。

图 2-19 室外全封闭组合电器现场应用

2. GIS 组合电器的常见故障

GIS 的常见故障可分为以下两大类：

(1)与常规设备性质相同的故障，如断路器操动机构的故障等。

(2) GIS 的特有故障，如 GIS 绝缘系统的故障等。这类故障的重大故障率为 0.1～0.2 次/(所·年)。一般认为，GIS 的故障率比常规变电所低一个数量级。

运行经验表明，GIS 设备的故障多发生在新设备投入运行的一年之内，以后趋于平稳。

图 2-20　室内全封闭组合电器现场应用

GIS 的常见特有故障如下：

(1)气体泄漏：气体泄漏是较为常见的故障，使 GIS 需要经常补气，严重者将造成 GIS 被迫停运。

(2)水分含量高：六氟化硫气体水分含量增高通常与六氟化硫气体泄漏相联系。因为泄漏的同时，外部的水汽也向 GIS 其室内渗透，致使六氟化硫气体的含水量增高。六氟化硫气体水分含量高是引起绝缘子或其他绝缘件闪络的主要原因。

(3)内部放电：运行经验表明，GIS 内部不清洁、运输中的意外碰撞和绝缘件质量低劣等都可能引起 GIS 内部发生放电现象。

(4)内部元件故障：GIS 内部元件包括断路器、隔离开关、负荷开关、接地开关、避雷器、互感器、套管、母线等。运行经验表明，其内部元件故障时有发生。

第三章　高速铁路牵引供电系统自动化技术

利用第二章中所述牵引供电设备可以完成基本的电能传输。为了确保电能传输的可靠性、降低运行人员的劳动强度、实现设备状态以及系统负荷的可视性、并轻松地实现对各个设备的有效控制，就必须采用牵引供电系统自动化技术，包括：牵引供电微机保护、变电所自动化系统、接触网的故障测距以及牵引供电 SCADA 系统。

第一节　牵引供电系统自动化概述

我国的高速铁路与世界其他国家相比具有路网规模大、线路等级高、区域跨度大等特点。每一天，在我国的各个地方、各条铁路线上，数以万计的机车在庞大的路网穿梭运转，要保证铁路运输的安全准时、可靠高效，高速铁路牵引供电系统仅靠人工方式进行管理和调度是不可想象的。

牵引供电自动化系统用以完成牵引供电系统运行过程状态的测量、监视、控制和调度功能，在保证电能有效传输，设备安全稳定运行，降低设备故障发生概率，提高牵引供电系统的可靠性和可用性，提高铁路运输管理效率和水平等方面起着重要的作用。

牵引供电自动化系统主要包括牵引供电远动监控系统和变电所综合自动化系统两大部分。牵引变电所综合自动化系统是指设置在变电所、AT 所、分区所等的综合自动化系统，通过变电所内的局域网通信，将微机保护、微机自动装置、微机远动装置所采集的模拟量、开关量、状态量、脉冲量及一些非电量信号，经过数据处理及功能的重新组合，按照预定的流程和要求，对变电所实现综合性的监视和调度，实现站场级的保护、测量和控制功能。远动监控系统是由调度主站和被控站 RTU 构成，主要监控牵引供电系统沿线各变电所、分区所、开闭所的设备运行状态，完成遥控、遥测、遥信、遥调、遥视、保护及调度管理，辅助完成事故分析及处理等功能，具有信息完整、直观，有助于调度人员正确掌握系统运行状态、加快决策、快速诊断出系统故障状态、提高管理效率的特点，现已成为牵引电力调度不可缺少的工具。

一、变电所综合自动化技术

继电保护技术是牵引供电自动化系统的基础，其作用是电力系统设备发生故障时快速切除故障元件，缩小故障区域，保护设备和人身财产的安全。最早的继电器保护装备是熔断器，18 世纪末出现了直接安装于断路器上的电磁型过流继电器，随着计算机技术、软件技术、信息处理技术的发展，今天的继电保护装置几乎全部采用由计算机技术构成的数字式继电保护。这种保护可用相同的硬件实现不同原理的保护，并通过软件设计实现复杂原理的保护，具有生产标准化、工作可靠性高、数据记录和事后分析等优点。

随着计算机技术、网络通信技术、信息处理技术和自动控制技术的发展，继电保护装置从原来实现单一的保护功能，逐渐演变为集保护、测量和控制于一体的综合性设备；同时随着人们用电要求越来越高，所内的各种自动化设备也越来越多，变电所内的二次设备变得复杂。因此，人们产生了利用通信技术将各个保护装置和自动化设备综合在一起的想法，这就是“变电所综合自动化”产生的原因。

国外变电所综合自动化的研究工作始于20世纪70年代。英国、法国、意大利等国家于20世纪70年代末期装设的远动装置都是微计算机型的。日本在微处理器应用于电力系统方面的工作虽然晚于欧美，但后来者居上，在关西电子公司和三菱电气有限公司的协助下，于1975年开始研究用于配电变电所的数字控制系统(称为SDCS-1)，1979年通过现场试验，1980年开始商品化生产。20世纪80年代以后，研究综合自动化系统的国家和大公司越来越多，例如，德国西门子公司、ABB公司、AEG公司，美国GE公司、西屋公司，法国阿尔斯通公司等都有自己的综合自动化系统产品。西门子公司于1985年在德国汉诺威正式投入其第一套综合自动化系统LSA678。LSA678系统的结构有全分散式和集中与分散相结合两种类型。ABB公司的综合自动化系统SCS100用于中、低压变电站，SCS200用于高压变电站。

我国综合自动化的研究工作开始于20世纪80年代中期。最初的变电所综合自动化系统实际上是在RTU基础上，加上一套以微机为中心的当地监控系统组成，系统不但未涉及继电保护，就连传统的控制屏台也都保留，这是我国变电所综合自动化技术的初级阶段。20世纪80年代后期，进行变电所综合自动化技术研究的高等学校、科研单位、生产厂家逐渐增加，综合自动化技术取得了实质性的进展。20世纪90年代初研制的综合自动化系统是在变电站控制室内设置计算机系统作为变电所综合自动化的核心，另设置数据采集和控制部件，用于采集数据和发出控制命令。微机保护柜除保护部件外，每柜有一个管理单元，其串行口与变电站自动化系统的数据采集及控制部件相连，传送保护装置的各种信息和参数，整定和显示保护定值。这种集中式变电所综合自动化系统与初级阶段相比有了很大的进步。

20世纪90年代中期，随着计算机技术、网络技术及通信技术的飞速发展，同时结合变电所的实际情况，各类分散式变电所综合自动化系统相继研制成功并投入运行。分散式变电所综合自动化系统的特点是现场单元部件分别安装在中低压开关柜中或高压一次设备附近，这些部件可以是集保护和测控功能为一体的综合性装置，也可以是现场的微机保护装置和测控装置。在变电所控制室内设置计算机系统，与各现场单元部件进行通信，遥信、遥测的采集及处理，遥控命令的执行和继电保护功能等均由现场单元部件独立完成，并将这些信息通过网络送至后台主计算机。与集中式变电所综合自动化系统结构相比，分散式变电所综合自动化系统结构又有了一个质的飞跃。

在牵引供电系统中，变电所综合自动化技术的发展与电力系统有着相同的历程。20世纪60年代，我国开通了第一条电气化铁路——宝成铁路宝凤段采用电磁型保护；七八十年代，晶体管保护成为主流产品；90年代初，西南交通大学、中国铁道科学研究院等研究机构与国内继电保护主要企业合作，研制成功了铁路微机保护装置系列，并开始推广应用；2002年，西南交通大学联合相关设计、运行、制造单位开发了我国铁路牵引供电领域第一套牵引变电所安全监控及综合自动化系统，逐步使我国铁路供电系统保护进入了无人值班变电所自动化的时代。目前，变电所自动化技术和无人值守运行模式得到迅速发展，融测量、控制、保护和数据通信为一体的变电所综合自动化装备，已成为我国绝大部分新建变电所的二次装备。

二、牵引供电远动技术

远动技术是指利用远程通信技术进行信息传输，实现对远方运行设备的监视和控制的一门技术。远动技术是调度所与各被控站之间实现“五遥”技术（遥控、遥测、遥信、遥调、遥视）的总称。远动系统是以计算机为基础的生产过程控制与调度自动化系统。它可以对现场的运行设备进行监视和控制，以实现数据采集、设备控制、测量、参数调节以及各类信号报警等各项功能。在铁路牵引供电系统中使用的 SCADA 系统通常简称为远动系统。

牵引供电 SCADA 系统由调度主站系统、传输通道和被控站设备组成，主站系统设在调度所内，统一指挥供电系统在正常及事故情况下的运行工作，并集中管理沿铁道线分布的变电所（包括分区亭和开闭所）中的设备。在牵引供电系统运行过程中，为了保证运行的可靠性和经济性，调度所必须及时掌握系统的实际运行情况。一方面，需要从下而上地采集信息，将变电所内开关位置信号、警报信号及主要电气运行参数等迅速、正确、可靠地上报给调度所；另一方面，调度所根据系统的运行情况并进行判断处理后，按照铁路运输规章规程的要求，对变电所（包括分区亭和开闭所）下达命令，直接操作某些设备或调整某些参量或完成实时控制的任务。为了完成变电所和调度所之间远距离信息的实时自动传输，必须应用远动技术，采用远动装置。远动装置充当调度所和变电所之间传送信息的桥梁和工具，是实现实时调度和综合调度自动化的基础。目前高速铁路供电远动系统采用牵引、电力两电合一模式，在各铁路局的供电调度所内的调度主站系统能够完成对牵引供电设备和电力供电设备的统一调度指挥。

远动技术在 20 世纪 30 年代首先应用于铁路运输系统，40 年代用于电力系统，我国在 50 年代末才在电力系统中应用。而电气化铁路牵引供电远动系统（简称电铁远动系统）在我国 60 年代开始研制，80 年代才得到了广泛应用。

远动系统调度主站自诞生之日起就与计算机技术的发展紧密相关，按照技术发展进程，远动系统调度主站的演变可以分为以下四代：

第一代是基于专用计算机和专用操作系统的远动系统调度主站系统，如电力自动化研究院为华北电网开发的 SD176 系统以及日本日立公司为我国铁路电气化远动系统所设计的 H-80M 系统。这一阶段从计算机运用到远动系统调度主站系统持续到 70 年代。

第二代是 80 年代基于通用计算机的远动系统调度站系统。在第二代中，广泛采用 VAX 等其他计算机以及其他通用工作站，操作系统一般是通用的 UNIX 系统。第一代与第二代远动系统的共同特点是基于集中式计算机系统，并且系统不具有开放性，因而给系统维护、升级以及与其他联网构成很大困难。

第三代是在 90 年代按照开放的原则，基于分布式计算机网络以及关系数据库技术能够实现大范围联网的远动系统。这一阶段是我国远动系统发展最快的阶段，各种最新的计算机技术都汇集进远动系统中。目前，我国客运专线和高速铁路的牵引供电调度系统均采用第三代。

第四代远动系统是目前的研究热点和发展方向。该系统的主要特征是采用因特网技术、自律分布系统技术、面向对象技术、组件技术以及 JAVA 等技术，实现 SCADA 系统与其他信息系统的增值集成，实现控制和管理过程的智能化。

第二节　变电所综合自动化技术

变电所综合自动化技术是将变电站的二次设备(包括测量仪表、信号系统、继电保护、自动装置和远动装置等)经过功能的组合和优化设计,利用先进的计算机技术、现代电子技术、通信技术和信号处理技术,实现对全站设备的自动监视、自动测量、自动控制和实时保护,以及与调度通信等综合性的自动化功能。

一、结构与功能

变电所综合自动化系统运用面向对象的设计思想,本着分散控制、集中监控的原则设计,采用分层分布式结构,即结构分层、功能分布。一个典型的变电所综合自动化系统的结构如图3-1所示。

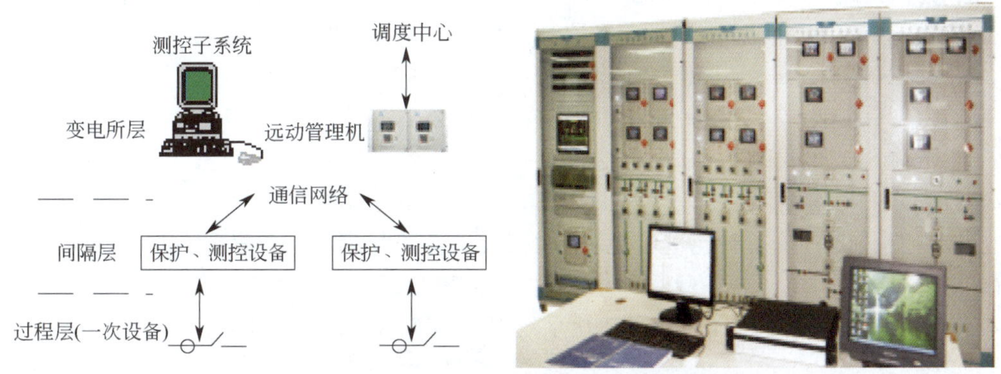

图3-1　变电所综合自动化系统结构和现场图片

变电所综合自动化系统主要分为站控层,间隔层和过程层(一次设备)三个层次。

1. 站控层

牵引变电所综合自动化系统的站控层由当地监控单元和远动通信单元组成。当地监控单元与远动通信单元互相独立,通过当地监控的显示器监视变电所运行情况,查看各种报表及曲线,实现所内设备的集中控制、监视测量、自动控制、远程通信及远程维护等综合自动化管理功能。在正常情况下,调度站控制命令不通过当地监控单元即可执行。当远动控制失效时,当地监控单元作为远动控制失效的后备手段在当地进行控制操作。

(1)当地监控单元功能

当地监控单元单元由当地监控主机、流水及报表打印机、通信管理机组成,主要功能包括:

①当地监控功能。实时监视变电所内的开关运行状态,对各种故障信息进行实时多窗口动态报警显示,显示全所的保护信息、故障录波、负荷录波及预告信息;动态显示全所的遥测量及实时曲线。通过鼠标或键盘完成当地/远方转化操作,实现对牵引变电所内的各种开关的分/合控制、信号复归等各种控制操作,并进行操作前的合理性判定;实现保护装置的复归及参数整定;同时还可完成各种报表记录、曲线的检索及显示。

②系统维护功能。通过系统维护软件可完成整个系统数据的建立及修改、画面建立及修改、历史数据库的管理、系统运行参数的定义、修改及系统程序的维护和开发。

③实时及报表打印功能。对当地监控系统的实时数据进行流水打印,主要包括:调度员操

作记录、故障报警及事件顺序记录、遥测越限记录等；对当地监控系统各种报表的打印及画面的拷屏功能。

(2)远动通信单元功能

远动通信单元完成向远方调度中心传输监控及保护信号，既支持对该信号进行调制和解调，也支持光纤数字通道完成远动功能，同时完成牵引变电所内的时间同步。

2. 间隔层

牵引变电所综合自动化系统的间隔层由各种保护、测量和控制设备组成，通过与断路器、隔离开关等一次开关设备和 CT/PT 等测量设备接口，实现对牵引变压器、馈线、电容器的保护、测控和控制。间隔单元间的闭锁功能完全由硬线连接实现。

间隔层按照保护对象不同，划分为不同的保护间隔，主要包括：

(1)牵引变压器保护测控单元：完成一台牵引变压器的保护、测量、控制、应急选线控制、备用电源/主变自投等功能，适用于 YNd11、Vv、Scott、Vx、单相等各种接线形式的牵引变压器保护测控单元配置主变主保护装置、主变后备保护装置和主变测控装置。

(2)馈线保护测控单元：一套馈线保护测控装置对应一台断路器的配置方式。

(3)并补保护测控单元：一套并补保护测控装置对应一台断路器的配置方式。

(4)动力变保护测控单元：一套动力变保护测控装置对应一台所用变的配置方式。

(5)故障测距装置：按照一个供电臂设置一台测距装置的配置方式。

3. 过程层

过程层包括流互、压互和连接电缆，实现一次设备与间隔层保护装置的电气连接和电量变换功能。

与传统方式相比，变电所综合自动化系统具有以下几个最明显的特征：

(1)功能综合化

变电所综合自动化技术是在微机技术、数据通信技术、自动化技术的基础上发展起来的。它综合了变电所内除一次设备和交、直流电源以外的全部二次设备。在自动化系统中，微机监控系统综合了变电所的仪表屏、操作屏、模拟屏、变送器屏、中央信号系统等功能，远动的 RTU 功能及电压和无功补偿自动调节功能；微机保护(和监控系统一起)综合了故障录波、故障测距、小电流接地选线、自动按频率减负荷、自动重合闸等自动装置功能。上述自动化的综合功能是通过局域网各微机系统硬、软件的资源共享形成的，因此对微机保护和自动装置提出了更高的自动化要求。

需要指出的是，自动化系统的综合功能，对于中央信号系统及仪表和对设备控制操作的功能综合是通过监控系统的全面综合，而对于微机保护及一些重要的自动装置(如备用电源自动投入)是接口功能综合，是在保证其独立的基础上，通过远方自动监视与控制来实现的。例如对微机保护装置仍然要求保证其功能的独立性，但通过对保护状态及动作信息的监视及对保护整定值查询修改，保护元件的投退、录波远传、信号复归等远方控制来实现其对外接口功能的综合。这种综合的监控方式，既保证了保护和一些重要自动装置的独立性和可靠性，又把保护和自动装置的自动化性能提高到了一个更高的水平。

(2)结构分布、分层、分散化

自动化系统是一个分布式系统，其中微机保护、数据采集、控制以及其他智能设备等子系统都是按分布式结构设计的。每个子系统可能有多个 CPU 分别完成不同的功能，一个由庞大的CPU群构成了一个完整的、高度协调的有机综合(集成)系统,这样的综合系统往往有几十个甚至更多的CPU同时并列运行,以实现变电所综合自动化的所有功能。另外,按照变电所物理位置和各子系统功能分工的不同,自动化系统的总体结构又按分层原则来组成。按IEC标准,典型的分层原则是将变电所综合自动化系统分为两层,即变电所层和间隔层。随着技术的发展,自动化装置逐步按照一次设备的位置实行就地分散安装,由此可构成分散(层)分布式自动化系统。

(3)操作监视屏幕化

变电所实现自动化后,不论是有人值班还是无人值班,操作人员不是在变电所内,就是在主控站或调度室内,面对彩色屏幕显示器,对变电所的设备和输电线路进行全方位的监视与操作。常规庞大的模拟屏被屏幕上的实时主接线画面取代;常规在断路器安装处或控制屏进行的跳、合闸操作,被显示器屏幕上的鼠标操作或键盘操作所取代;常规的光字牌报警信号,被显示器屏幕画面闪烁和文字提示或语言报警所取代,通过计算机上的显示器,可以监视全变电所的实时运行情况和对各开关设备进行操作控制。

(4)测量显示数字化

长期以来,变电所采用指针式仪表作为测量仪器,准确度低、读数不方便。采用微机监控系统后,彻底改变了原来的测量手段,常规指针仪表全被显示器上直观、明了的数字显示所代替。原来的人工抄表记录则完全由打印机打印的报表所代替。这不仅减轻了值班员的劳动,而且提高了测量的精度和管理的科学性。

(5)通信局域网络化、光缆化

计算机局域网络技术和光纤通信技术在自动化系统中得到了普遍应用。因此,系统具有较高的抗电磁干扰能力,能够实现高速数据传送,满足实时性要求,组态更灵活,易于扩展,可靠性大大提高,而且大大简化了传统变电所大量繁杂的各种电缆,方便施工。

(6)运行管理智能化

变电所综合自动化系统另一特征是运行管理智能化。智能化不仅表现在常规的自动化功能上,如自动报警、自动报表、电压无功自动调节、小电流接地选线事故判别与处理等方面,还表现在能够在线自诊断,并不断将诊断的结果送往远方的主控端。这是区别常规二次系统的重要特征。简而言之,常规二次系统只能监测一次设备,而本身的故障必须依靠维护人员去检查、发现。自动化系统不仅监测一次设备,还每时每刻监测自己是否有故障,这就充分体现了其智能性。

二、站控层

变电所综合自动化系统的站控层包括当地监控单元、继电保护单元和通信网络3个子系统,下面分别进行介绍。

1. 当地监控单元

监控系统取代常规的测量系统,取代指针式仪表,改变常规的操作机构和模拟盘,取代常规的告警、报警、中央信号、光字牌以及RTU装置等,它通过图形化的方式实现对牵引变电所、配电所的监视和控制,主要完成一次设备实时状态的监视和控制功能。当地监控单元界面如图3-2所示。

当地监控系统主要包括以下几部分内容:

(1)数据采集

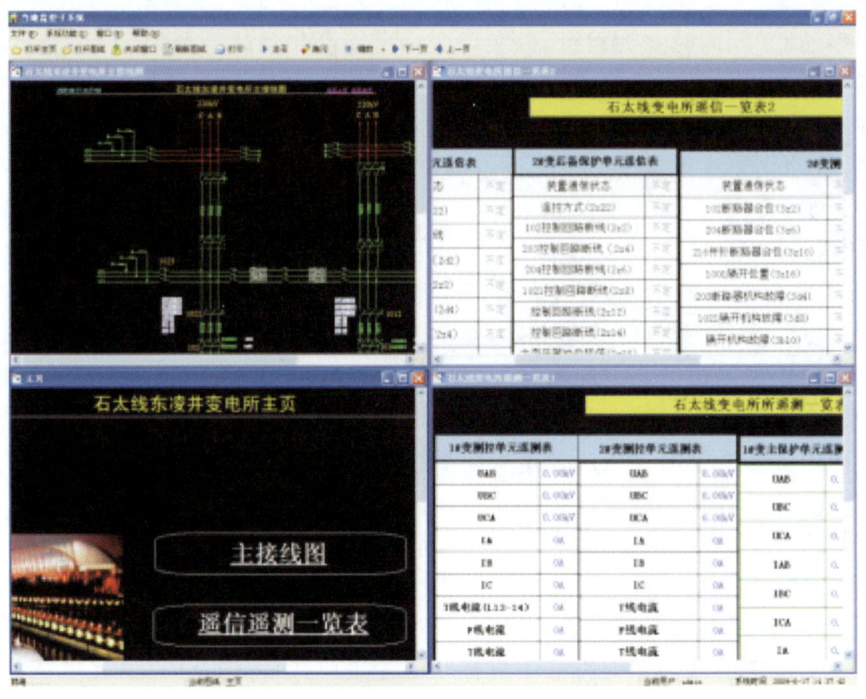

图 3-2　当地监控单元(当地监控)界面

采集变电所运行的实时数据和设备运行状态,包括各种状态量、模拟量、脉冲量、数字量和保护信号,这些数据是当地监控单元完成其他功能的基础。

变电所综合自动化系统中,数据的采集都是由间隔层的保护测控装置和所内的智能设备完成,通过通信网络传送到变电所层。

(2)运行监视和控制

①安全监视:

监控系统在运行过程中,对采集到的电压、电流、频率、牵引变压器油温等量不断地进行越限监视,如有越限立即发出告警信号,同时记录越限时间和越限值。另外,还要监视保护测控装置和其他智能装置运行是否正常,设备之间的通信是否正常。

②事件记录功能(历史记录):

将遥测越限、正常遥信变位、事故变位、事件顺序记录(Sequence Of Event,简称 SOE)、保护动作信息、遥控记录、操作记录等信息存入历史数据,进行集中统一管理。

事件顺序记录包括断路器合跳闸记录、保护动作顺序记录,事件发生的时间(应精确至毫秒级)。

③故障记录、故障录波和故障测距功能:

继电保护装置发生动作后故障录波数据是故障分析最有效的手段,故障测距可实现尽快找出故障点,缩短修复时间,尽快恢复供电,减少损失,这一点对牵引网来说尤其重要。故障记录是记录继电保护动作前后与故障有关的电流、电压、阻抗等故障电量,记录故障的详细动作信息。故障记录由微机保护装置完成。

④操作控制:

操作人员都可通过显示器对断路器和隔离开关进行分、合闸操作,对变压器分接头位置进行调节控制，对电容器组和电抗器组进行投、切控制；同时，能接收调度中心遥控操作命令，进行远方操作，并且所有的操作控制均能就地和远方控制，就地和远方切换相互闭锁，自动和手动相互闭锁。为防止计算机系统故障时无法操作被控设备，在设计上还应保留人工直接跳、合闸手段。

在显示器上的操作闭锁功能，只有输入正确的操作口令和监护口令才有权进行操作，收到返校信号后才可执行下一项；必须分对象校核、操作性质校核和命令执行三步，以保证操作的正确性。

操作管理权限按分层（级）原理管理。监控系统设有专用密码的操作口令，使调度员，遥调、遥控操作员，系统维护员和一般人员能够按权限分层（级）操作和控制。

⑤运行监视与人机联系功能：

所谓运行监视，主要是指对变电所的运行工况和设备状态进行自动监视，即对变电所各种状态量变位情况的监视和各种模拟量的数值监视。通过状态量变位监视，可监视变电所各种断路器、隔离开关、接地开关、变压器分接头的位置和动作情况，继电保护和自动装置的动作情况以及它们的动作顺序。

当变电所有非正常状态发生和设备异常时，系统能及时在当地或远方发出事故音响或语音报警，并在显示器上自动推出报警画面，为运行人员提供分析处理事故的信息，同时可将事故信息进行打印记录和存储。

对于无人值班变电所也必须设置必要的人机联系功能，以便当巡视或检修人员到现场时，能通过液晶显示或笔记本电脑观察到所内各设备的运行状况和运行参数。对断路器的控制应具有当地人工紧急操作的设施。

⑥报表管理和打印：

根据历史数据和实时数据，提供报表管理功能。可以灵活地定义报表的格式和报表相关的数据，完成报表的编辑、显示和打印。对于有人值班的变电所，监控系统可以配备打印机，完成打印记录功能；对于无人值班变电所，可不设当地打印功能，各变电所的运行报表集中在控制中心打印输出。

（3）数据处理和记录

监控系统除了完成上述功能外，数据处理和记录也是很重要的环节。历史数据的形成和存储是数据处理的主要内容。此外，为满足继电保护专业和变电所管理的需要，必须进行一些数据统计。随着变电所综合自动化系统技术的发展，需要统计的数据和记录也会不断地变化，对数据的处理也会不断扩展监控系统的功能。

（4）其他功能

当地监控单元采集了变电所内的所有数据和设备运行状态，在此基础上可以完成一些单个装置难以完成的功能，即监控系统可以增加功能模块，协调多个装置共同完成某一特定的功能，避免装置之间的通信而增加系统的复杂性。比如电压无功控制功能和小电流接地选线功能。

2. 继电保护单元

继电保护单元应满足快速性、选择性、灵敏性和可靠性的要求，其工作不受当地监控单元和其他子系统的影响。继电保护单元应满足如下要求：

（1）故障记录功能；

（2）统一时钟对时功能，以便准确记录发生故障和保护动作的时间；

(3)存储多种保护整定值;

(4)当地显示与多处观察和授权修改保护整定值;

(5)故障自诊断、自闭锁和自恢复功能。

继电保护单元应包括牵引变电所主要设备的全套保护,主要包括:变压器主保护、变压器后备保护、馈线保护、电容器保护、动力变保护等,如图 3-3 所示。

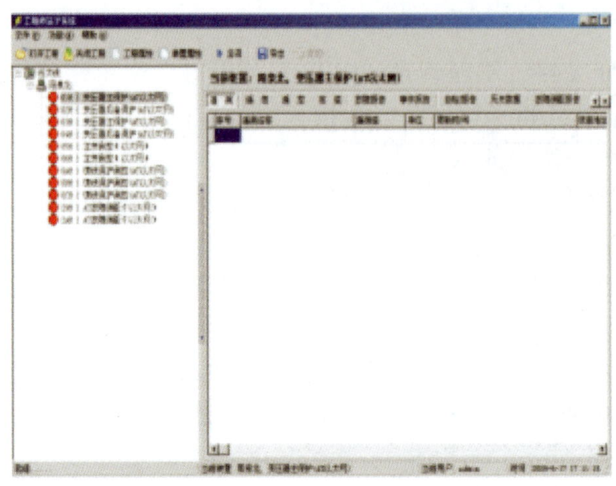

图 3-3 继电保护单元(工程师站)界面

3. 通信子系统

通信子系统包括系统内部现场级的通信和系统与上级调度的通信两部分。现场级的通信主要解决系统内部各个子系统与当地监控单元之间、各个子系统间的数据通信和信息交换问题,它的通信范围是变电所内部。自动化系统必须兼有 RTU 的全部功能,应该能够将所采集的模拟量、开关状态以及事件顺序记录等信息远传至上级调度,同时,应该能接收上级调度下达的各种操作、控制命令。

三、间隔层保护配置

微机保护装置是指当电力系统中的电力元件(如发电机、线路等)或电力系统本身发生故障危及电力系统的安全运行时,能够向运行值班人员及时发出警告信号或者直接向所控制的断路器发出跳闸命令以终止故障发展的一种自动化装置和设备。

在继电保护发展早期主要用有触点的继电器来保护电力系统及其元件,所以沿称继电保护。微机保护是用微型计算机构成的继电保护,是电力系统继电保护的发展方向,它具有高可靠性、高选择性、高灵敏度。微机保护装置硬件包括微处理器(单片机)为核心,配以输入、输出通道,人机接口和通信接口等。与传统继电保护装置相比,微机保护的硬件是通用的,而保护的性能和功能是由软件决定。

1. 保护装置硬件构成

微机保护装置一般采用高性能、高可靠性 CPU 芯片作为硬件核心,采用多层板布线技术及 SMT 工艺的嵌入式系统。为了保证装置的实时性,通常采用多 CPU 结构,即一个 CPU 完成保护、测量和控制等功能,另一个 CPU 完成人机接口和通信功能。软件界面通常为液晶界面,可以实现了电量监测、定值整定、开入检查、报告查看、保护元件投入情况查看以及装置信息查看等功能。多 CPU 微机保护装置的硬件结构如图 3-4 所示。

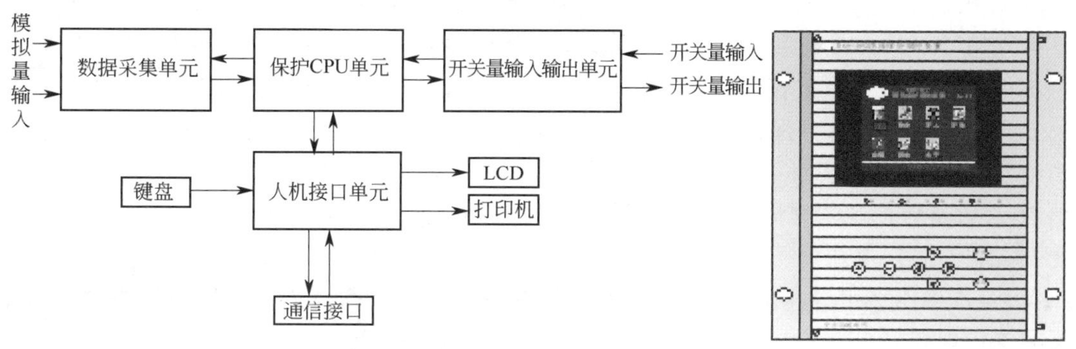

图 3-4　微机保护装置硬件原理示意图

微机保护装置的硬件结构通常包括以下 4 个主要部分。

(1)数据采集单元

数据采集单元又称为模拟量输入单元，主要包括电压形成、模拟量滤波、采样保持(S/H)、多路转换(MPX)以及模数转换(A/D)等功能模块，完成模拟输入量准确转换为微机能够识别的数字量的功能。

(2)保护 CPU 单元

保护 CPU 单元主要包括微处理器(MPU)、只读存储器(ROM)或内存单元(FLASH)、随机存储器(RAM)、定时器、并行接口以及串行接口等。保护 CPU 系统执行编制好的程序，对由数据采集系统输入的原始数据进行分析、处理，完成继电保护的测量、逻辑和控制功能。

(3)开关量输入/输出单元

开关量输入/输出单元由保护 CPU 的并行接口、光电隔离器件以及有触点的中间继电器等组成，完成各种保护的出口跳闸、信号、外部触点输入等功能。

(4)人机接口与通信 CPU 单元

人机接口与通信 CPU 主要完成人机会话功能以及网络通信功能。

2. 变电所综合自动化系统保护配置

变电所综合自动化系统的保护测控间隔单元以一次设备为对象，实现完善的保护、测量、控制功能。其基本要求如下：①各种保护单元满足选择性、速动性、灵敏性、可靠性的要求，实施对系统各种故障设备或故障区段的快速隔离，能保证供电系统的可靠供电。②每套保护测控单元负责一台开关柜内断路器的保护、测量与控制，自带操作回路，增强了使用的灵活性，不需附加设备和外加继电器即可直接跳合断路器。③保护测控单元设置参数整定密码，参数的修改在输入密码后才能设置。保护配置可通过软件完成，在设备投运时所有未用保护都处于闭锁状态。

变电所综合自动化系统主要保护测控单元及保护配置如下：

(1)牵引变压器保护测控单元

牵引变压器保护与测控单元完成一台牵引变压器的保护、测量、控制、应急选线控制、备用电源/主变自投等功能，适用于 YNd11、Vv、Scott、Vx、单相等各种接线形式的牵引变压器。牵引变压器保护测控单元配置主变主保护装置、主变后备保护装置和主变测控装置。

①主变主保护装置：

主变主保护装置完成牵引变压器的主保护功能，主要功能如下：

a. 保护配置：差动速断保护、二次谐波闭锁的比率差动保护、PT 断线检测、失压保护。

b. 辅助功能、故障报告、故障录波、负荷录波与谐波分析、事件报告、自检报告。

c. 状态量采集、各种保护动作信号、进线侧电压互感器断线信号、装置工作状态信号。

②主变后备保护装置：

主变后备保护装置完成牵引变压器后备保护功能，主要功能如下：

a. 保护配置：高压侧三相过电流保护、低压侧单相过电流保护、零序过电流保护、零序过电压保护、过电压保护、反时限过负荷保护以及重瓦斯、轻瓦斯、压力、温度 1 段、温度 2 段、油位等非电量保护。

b. 状态量采集、各种保护动作信号、27.5 kV 侧电压互感器断线信号、变压器高、低压侧断路器和电动隔离开关控制回路断线信号、装置工作状态信号。

③主变测控装置：

主变后备保护装置完成牵引变压器的测量和控制功能，主要功能如下：

a. 测量功能：高压侧三相电压、高压侧三相电流、低压侧 α、β 相电压、低压侧 α、β 相电流、地回流、轨回流、变压器绕组温度、油温、系统频率。

b. 控制功能：备用电源/主变自投功能、高、低压侧断路器和电动隔离开关控制功能。

c. 状态量采集：相关断路器、隔离开关位置信号、监视断路器、主变工作状态的信号、自投动作信号、装置工作状态信号。

(2)馈线保护测控单元

馈线保护测控单元采用一套保护测控装置对应一台断路器的配置方式，主要功能如下：

①保护配置：电流速断保护、过电流保护、反时限过负荷保护、自适应电流增量保护、三段自适应距离保护、二次谐波闭锁和综合谐波抑制、PT 断线检测、一次自动重合闸。

②测量功能：母线电压、馈线电流。

③控制功能：馈线断路器控制、相关电动隔离开关控制。

④状态量采集：断路器、隔离开关位置信号、断路器、电动隔离开关控制回路断线信号、各种保护动作信号、装置工作状态信号。

(3)并补保护测控单元

并补保护测控单元采用一套并补保护测控装置对应一台断路器的配置方式，主要功能如下：

①保护配置：电流速断保护、过电流保护、过电压保护、低电压保护、差电流保护、差电压保护、谐波阻抗保护、电抗器保护、非电量保护。

②测量功能：母线电压、并联电容补偿支路总电流。

③控制功能：断路器控制。

④状态量采集：断路器、隔离开关位置信号、断路器控制回路断线信号、各种保护动作信号、装置工作状态信号。

(4)动力变保护测控单元

动力变保护测控单元采用一套动力变保护测控装置对应一台所用变的配置方式，主要功能如下：

①保护配置：电流速断保护、过电流保护、失电压保护、反时限过负荷保护、瓦斯保护、温度保护。

②测量功能：母线电压、变压器进线电流。

③控制功能：断路器控制。

④状态量采集：断路器位置信号、断路器控制回路断线信号、各种保护动作信号、装置工作状态信号。

(5)通用测控装置

通用测控装置面向变电所完成其他电量测量和断路器的控制功能，主要功能如下：

①测量功能：气温、湿度、风速、变电所有功电度、变电所无功电度、动力变有功电度。

②控制功能：电动隔离开关控制、断路器控制。

③状态量采集：交、直流盘工作状态信号、自动装置动作信号、变电所事故信号、变电所预告信号、隔离开关位置信号、断路器位置信号。

(6)故障测距装置

故障测距装置按照一个供电臂设置一台装置的原则，完成故障时的 AT 吸上电流、故障电量采集记录功能。当接触网发生短路故障后，各所故障测距装置将 AT 吸上电流、故障电量等相关信息通过远动通信单元上传至调度所，实现故障测距功能。

四、网络结构

变电所综合自动化系统是由二次智能设备和通信设备构成的网络，智能设备的多少和变电所的规模、厂家具体设计有关，上面介绍的通信设备也不是在每个系统中都有。变电所综合自动化系统的功能和网络结构形式随计算机技术和通信技术的发展也在不断地变化。根据历史发展，可分为现场总线的网络结构方式和以太网网络结构方式两大类，目前，变电所综合自动化系统的变电所层网络都采用以太网，网络结构中的不同之处主要是在间隔层。

1. 现场总线的网络结构形式

早期变电所综合自动化系统智能装置的通信接口一般为 RS232/RS485 或现场总线，为了和当地监控系统的计算机通信，都需要使用通信管理机来完成通信接口的转换。这里给出 3 个具有不同特点的现场总线的网络结构形式。

(1)通过网关进行通信接口的转换

网关转换变电所综合自动化系统结构如图 3-5 所示，变电所层采用双网结构，间隔层设备采用双 WorldFIP，现场总线通过网关和变电所层设备连接。规约转换器用于接入其他第三方厂家的设备和具有 RS232/485 接口的设备。保护管理机的作用类似于通信管理机，完成继电保护装置和变电所层设备的信息交换，同时可将继电保护信息传送到故障管理信息系统。远动工作站通过变电所层网络收集变电所信息，完成远动通信任务。系统通过网关连接保护测控装置，不再需要通信管理机。

(2)光纤自愈环网现场总线系统网络

LonWorks 现场总线综自系统结构如图 3-6 所示，系统中保护测控装置采用 LonWorks 现场总线，总线收发器采用光纤接口，收发器组成光纤自愈环网，通信管理机完成 LonWorks 现场总线到变电所层以太网的接口转换，同时完成对间隔层装置信息的收集和上送。间隔层

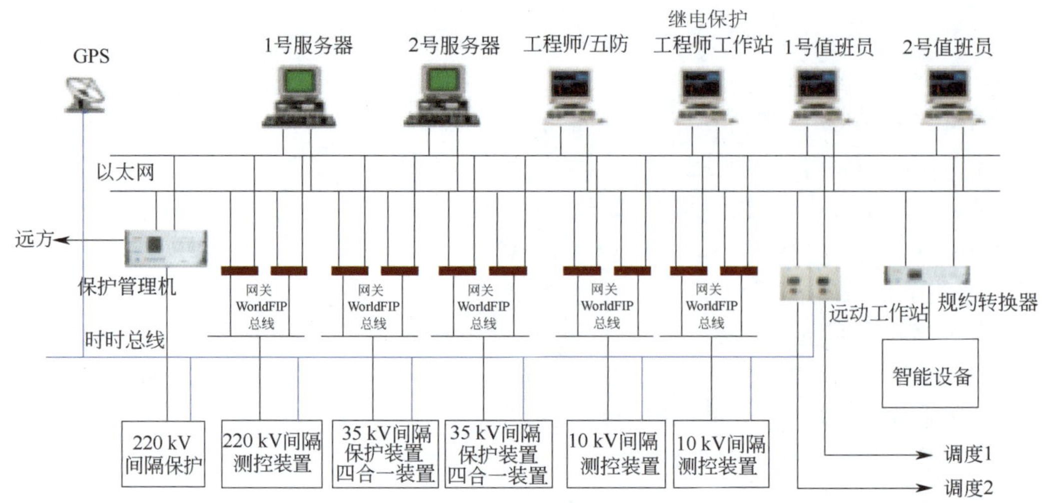

图 3-5 网关转换变电所综自系统网络结构图

光纤自愈环网某一节点的损坏不会影响其他节点的通信,同时相邻节点会给出报警信息。通信管理机采用双机热备的方式,如果工作的装置出现故障,它们之间将完成自动切换,同时变电所层的设备也会完成自动切换。在变电所规模较大的情况下,可以采用多个自愈环网的方式以提高间隔层的通信速度。通用通信装置完成协议转换器的功能,接入其他厂家的智能设备接入系统,提供 RS232/RS485 和网络接口。

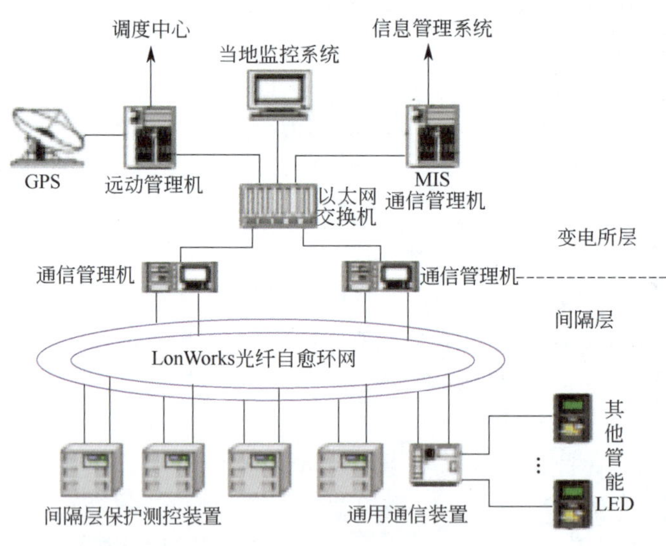

图 3-6 LonWorks 现场总线综自系统网络结构图

(3)总线型系统网络

CAN 总线综自系统网络结构如图 3-7 所示,间隔层采用总线型的现场总线,双总线的方式增加了系统的可靠性,通信管理机连接间隔层网络和变电所层网络,完成与当地监控系统和调度中心的通信。网络通信服务器完成与其他厂家设备的通信。

2. 以太网的网络结构形式

随着计算机技术的发展,对变电所综合自动化系统的通信速度和当地监控系统画面响应

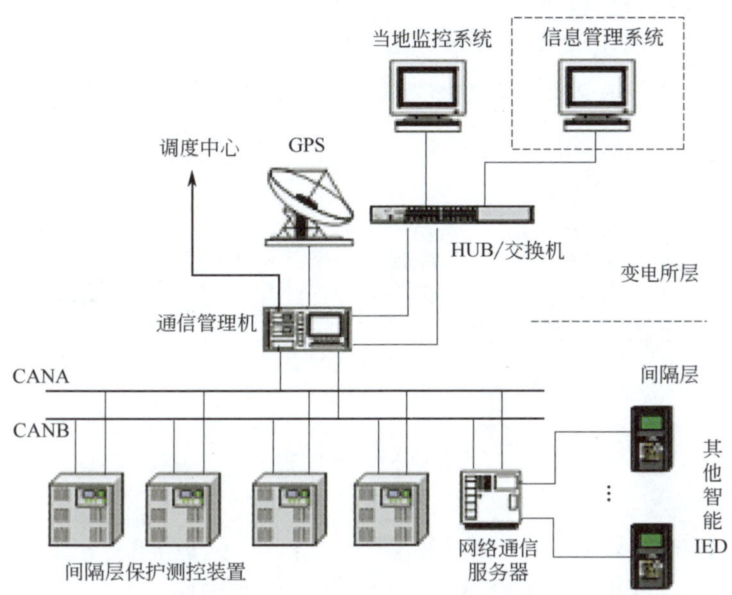

图 3-7　CAN 总线综自系统网络结构图

时间的要求越来越高，以太网的应用成本也在不断地降低，采用以太网可以省去通信接口转换设备，减少通信的中间设备，提高通信的可靠性。

（1）星形结构

采用星形结构的变电所综合自动化系统实例如图 3-8 所示，间隔层设备都采用以太网接口。

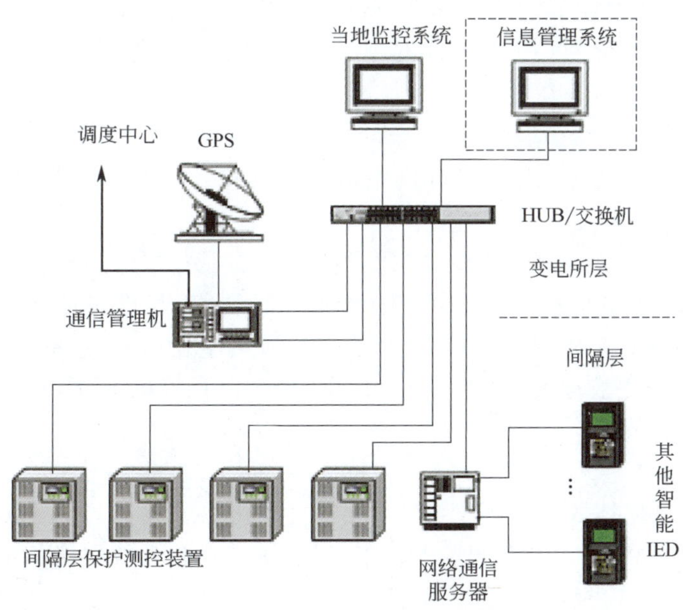

图 3-8　星形以太网综自系统网络结构图

采用星形结构的问题是在分散安装的时候，通信电缆都需要从开关柜连接到控制室，增加了施工和维护工作量。

（2）星形环网结构

实际使用的一种变电所综合自动化系统的网络结构图如图 3-9 所示。通信网络采用两层结构，变电所层的网络采用光纤自愈环网，间隔层网络通过网关组成，可以是 RS232/RS485、现场总线或以太网。如果间隔层设备是以太网接口，则可以直接接入或通过交换机接入变电层环网。

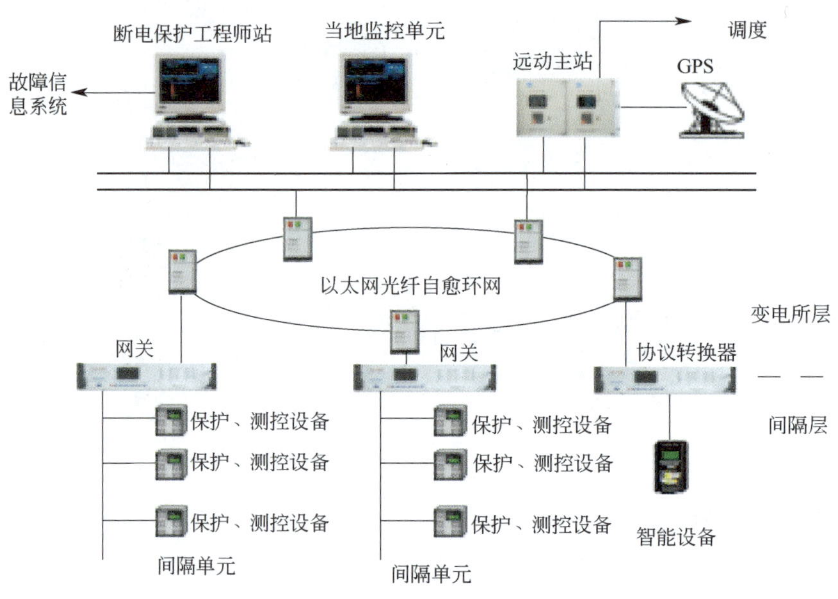

图 3-9 主干环网的变电所综合自动化系统结构图

采用这种网络结构形式可以很好地适应集中组屏和分散安装。对集中组屏，每面屏中有一个变电所层的光纤环网设备，在屏内是星形网络结构，在屏间和变电所层是环网结构。对分散安装，在每个间隔单元使用一个光纤环网设备，在间隔单元是星形结构，主干网络采用环形结构。

(3)间隔层环网的以太网结构

现场运行的采用以太网光纤自愈环网组成的自动化系统的网络结构图如图 3-10 所示，间隔层网络采用环形结构。

以太网采用的介质访问方式是 CSMA/CD，本身并不能形成环网。间隔层网络采用环形结构即是将以太网环网设备放入间隔层装置中，和光纤接入以太网交换机共同组成以太网光纤自愈环网。光纤接入以太网交换机的主要目的是为光电转换，为没有光接口的设备提供以太网接入，实际应用中远动管理机和 MIS 管理机都直接接入间隔层的光纤环网以与间隔层设备通信。

五、运用模式

变电所综合自动化技术在运用工程中，根据自动化系统设计思想和安置物理位置的不同，自动化系统硬件结构形式可以分成很多类。从完成自动化系统功能的角度来分，其结构形式有集中式和分层分布式两大类。

1. 集中式结构

集中式的结构应用于变电所综合自动化系统的初期，它由一台或几台计算机分别完成变电所的保护、测量、控制、监控和自动化及其他功能。集中式的主要特点是集中采集变电所的模拟量、开关量和数字量等信息，集中进行计算和处理。集中式结构的自动化系统示意图如图

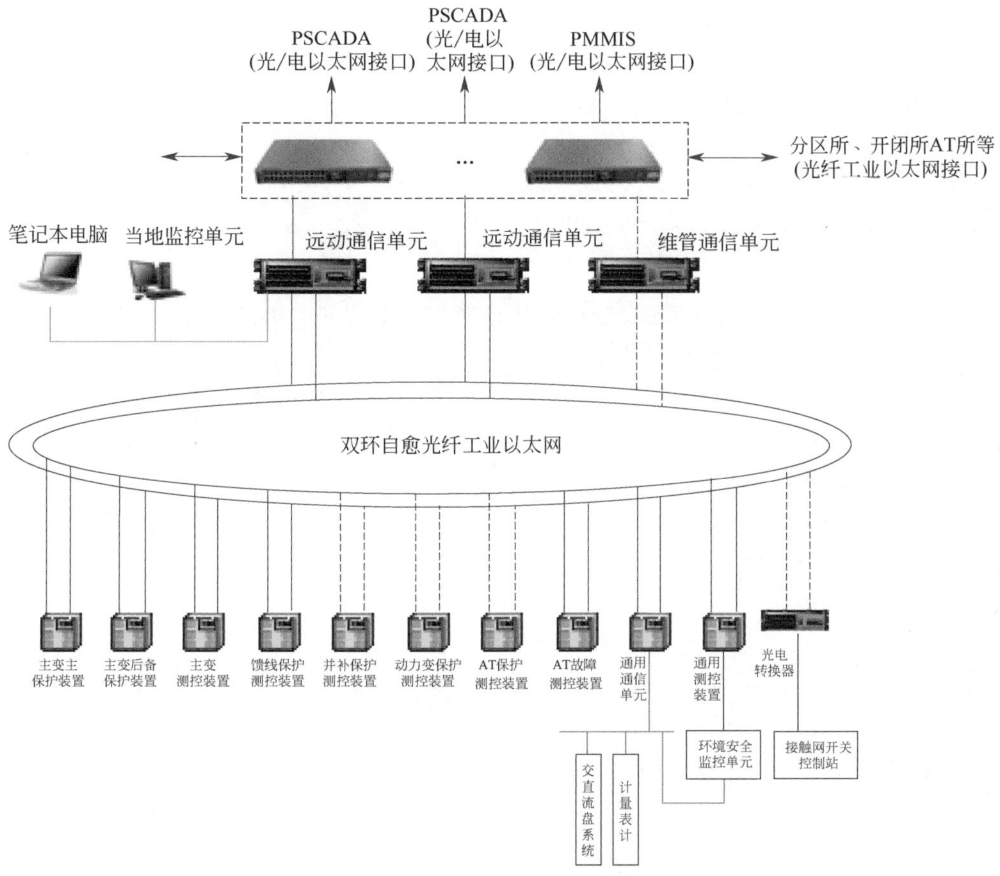

图 3-10　间隔层环网的系统网络结构图

3-11 所示。

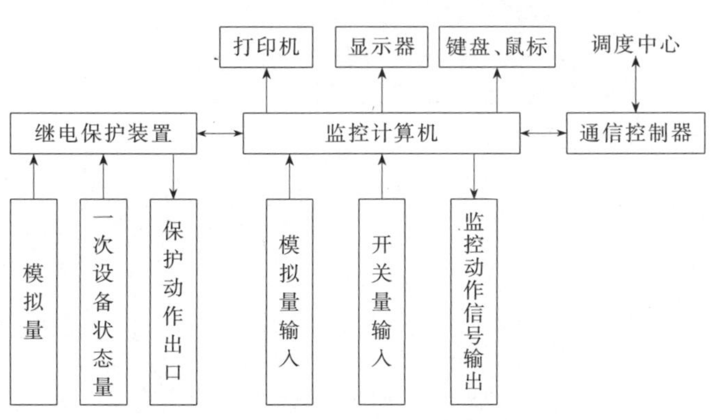

图 3-11　集中式自动化系统示意图

集中式的结构是根据变电所的规模，配置相应容量的集中式保护装置和监控主机及数据采集系统，它们安装在中央控制室内。牵引变压器、各种进出线路及所内所有电气设备的运行状态通过电流互感器、电压互感器，经电缆传送到中央控制室的保护装置和监控计算机上，并与调度控制端的通信前置机进行数据通信。当地监控计算机完成当地显示、控制等功能。

集中式结构的主要缺点是：

(1)每台计算机的功能较集中,如果计算机出现事故则影响面大。因此,必须采用双机并联运行的结构才能提高可靠性。

(2)集中式结构由于每台计算机完成的功能多,导致软件复杂,修改、调试工作量大。

(3)组态不灵活,对不同主接线或规模不同的变电所,软、硬件都需要另行设计,工作量大,影响批量生产。

(4)集中式保护与长期以来采用一对一的常规保护相比,不直观,不符合运行和维护人员的习惯,调试和维护不方便,只适合保护算法比较简单的情况。

2. 分层分布式结构

在分层分布式结构中,变电所综合自动化系统按照设备的功能被分为三层:变电所层、间隔层(或称单元层)、过程层(或称设备层)。过程层主要指变电所内的变压器,断路器,隔离开关及其辅助触点,电流、电压互感器等一次设备。间隔层一般按断路器间隔划分,包括测量、控制部件和继电保护装置。变电所层包括监控主机、远动管理机等。变电所层和间隔层设通信网络,供各设备之间交换信息。

在分层分布式结构中,从安装的物理位置上来划分有集中组屏、分散安装与集中组屏相结合、全分散安装三种类型。

(1)系统集中组屏

集中组屏的结构是把整套自动化系统按其不同的功能组装成多个屏(或称柜),例如:变压器保护屏(完成变压器的保护、测量、控制功能)、馈线保护屏(完成一条或多条馈线的保护、测量、控制功能)、并补保护屏(完成电容器的保护、测量、控制功能)。典型的牵引供电变电所的集中组屏的系统结构图如图 3-12 所示。

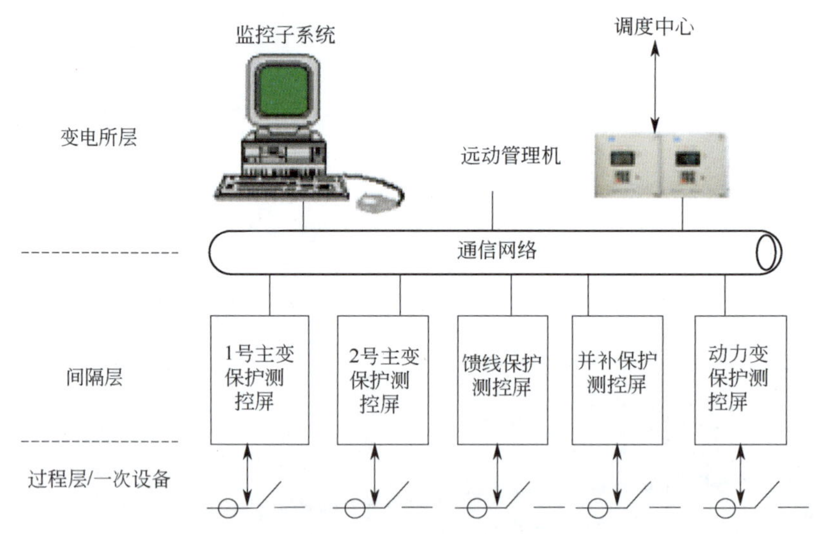

图 3-12 集中组屏的牵引供电变电所结构图

(2)分散安装与集中组屏相结合

分散与集中相结合的结构形式是采用"面向对象",即面向电气一次回路或电气间隔(如一条馈线、一台变压器、一组电容器等)的方法进行设计的,间隔层中保护测控装置就地分散安装在开关柜上或其他一次设备附近。牵引变电所分散安装与集中组屏的应用模式如图 3-13 所示。图 3-13 中,在牵引变电所中馈线保护、并补保护、测控单元分散安装在高压室一次设备的开关柜上,变压器由于在室外,不具备分散安装的条件,可与当地监控单元、交直流设备等在控制室集中组屏，也可在变压器旁就地安装。

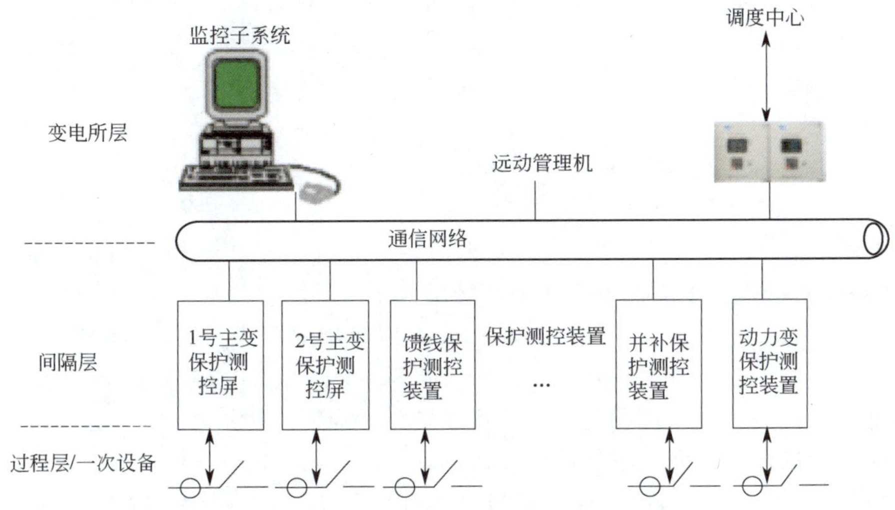

图 3-13　牵引变电所分散安装和集中组屏的结构图

(3)全分散模式

全分散式的自动化系统是指以变压器、断路器、母线等一次主设备为安装单位，将保护、测量、控制、闭锁等功能单元就地分散安装在一次主设备的开关柜上，安装在主控制室内的变电所层设备通过网络与这些分散的单元进行信息交换。

在铁路的电力变配电所中已经实现了全分散的安装模式，新建客运专线的变配电所大都按照全分散的模式进行设计，所有的保护测控装置都安装于一次设备的开关柜上，这些装置通过网络和控制室的变电所层交换信息。铁路电力变电所的全分散安装的结构图如图 3-14 所示。

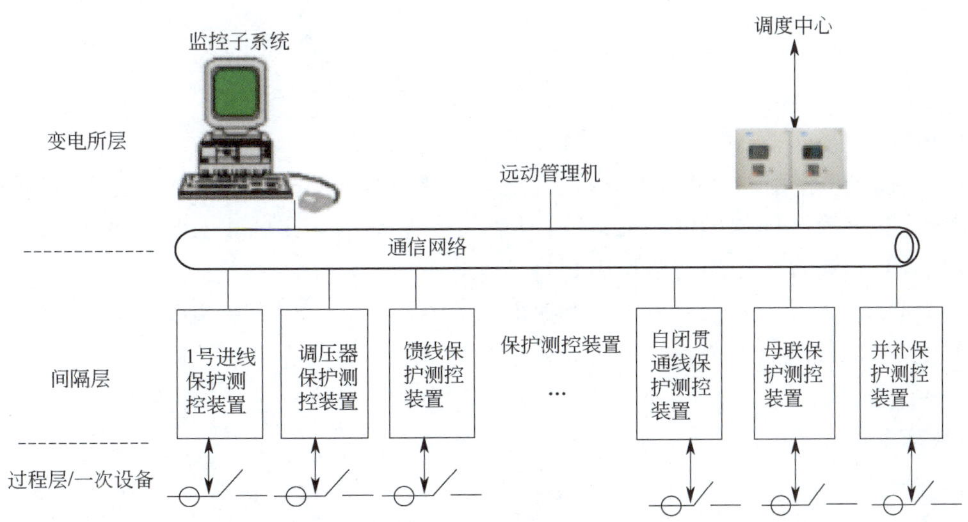

图 3-14　铁路电力变电所全分散安装结构图

目前，变电所综合自动化系统的功能和结构都在不断地向前发展，全分散式的结构一定是今后发展的方向。一方面是由于分层分散式的自动化系统的突出优点；另一方面是随着新设备、新技术，如电子式互感器和光纤通信技术的发展，使得原来只能集中组屏的高压线路保护装置和牵引变压器保护也可以考虑安装于高压场附近，并利用日益发展的光纤技术和局域网技术，将这些分散在各开关柜的保护与集成功能模块联系起来，构成一个全分散化的自动化系统，为变电所实现高水平、高可靠性和低造价的无人值班创造更有利的技术条件。

第三节　接触网故障测距技术

电气化铁路接触网发生各种短路故障时，故障点精确测距是缩短事故检修时间，保证安全供电的重要技术手段。不同供电方式的接触网采用不同原理的故障测距方法。

牵引供电系统常用的供电方式有直接供电、AT(自耦变压器)供电等多种方式，不同供电方式的牵引网采用不同原理的故障测距方法。对于单线直接供电，故障测距原理主要是电抗距离表法，而在复线运行时采用的是上下行电抗比法；对于 AT 供电方式，主要有 AT 中性点吸上电流比法、吸馈电流比和上下行电流比法。

在这些常用运行方式中，由于存在检修维护等运行工况，牵引供电系统存在一些特殊的运行方式，从而导致其特殊的测距原理和方法。

一、直接供电方式测距

电气化铁路直接供电方式如图 3-15 所示。其中图 3-15(a)为直接供电的单线形式，图 3-15(b)为天窗状态下的直接供电方式，图 3-15(c)为直接供电的复线方式，图 3-15(d)为上下行全并联直接供电方式，上下行间由隔离开关并联连接。

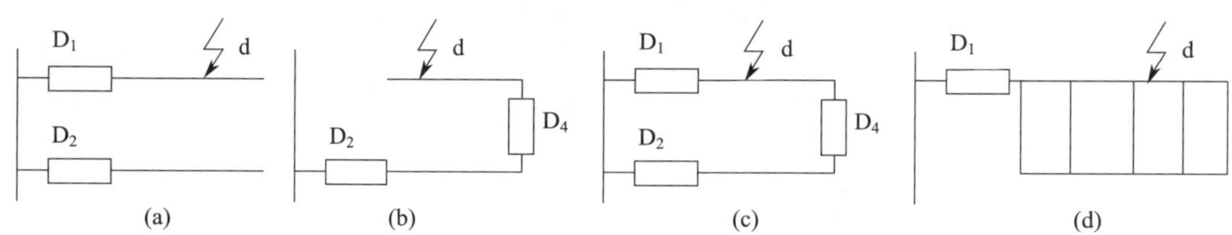

图 3-15　直接供电牵引网示意图

(1)单线直接供电方式

由于直接供电牵引网可以等效为 X-L 电力线路，供电臂存在着区间和站场，因而在各分段，牵引网阻抗具有不同的单位阻抗特性，但是在局部分段，如在区间上的一段，牵引网状况具有一致性，在该段可以采用均匀单位阻抗计算。牵引网短路时，可能存在一定的过渡电阻，根据电力系统知识，可以只考虑线路的电抗和距离关系进行故障定位，如图 3-16 所示。

当故障发生在 l_{n-1} 和 l_n 之间时，根据电抗距离关系有式(3-1)：

$$l=l_{n-1}+\frac{X_n-X_{n-1}}{l_n-l_{n-1}}(X-X_{n-1}) \tag{3-1}$$

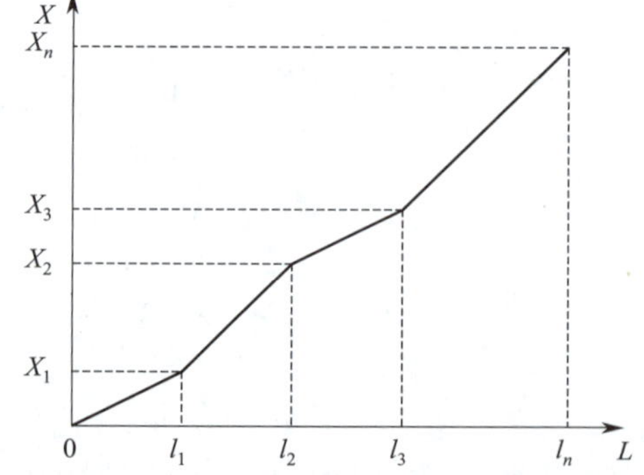

图 3-16　直接供电方式下短路电抗距离曲线

(2)复线直接供电方式

直接供电的复线方式一般在分区亭并联。当短路发生时，上下行互阻抗的影响不能忽略，如图 3-17 所示。

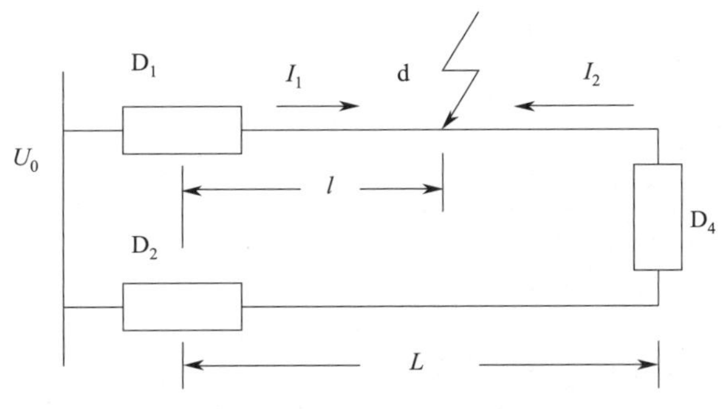

图 3-17　复线直接供电牵引网

当上下行线路参数均匀时(一般情况可以认为成立)，测距原理如式(3-2)所示：

$$l=\frac{Z_1}{Z_1+Z_2}2L \tag{3-2}$$

式中　Z_1、Z_2——上行、下行测量阻抗。

该式即为现行常用的复线直接供电方式下的测距原理，但是，当上下行牵引网不满足对称条件时，上式不能满足要求。一些文献对这种情况进行了分析，并提出了解决方案，在此不再赘述。

(3)复线全并联直接供电方式

我国的哈大线首次采用牵引网单边全并联供电，即同一方向上下行由一台变压器供电且接触悬挂(含加强线)在每个车站都实施一次横向电连接，从而实现接触网的低阻抗，减少电压损失和增强供电能力，改善供电质量，如图 3-15(d)所示。列车在上、下行间运行时无电位差，不会拉电弧，避免烧损受电弓和分段绝缘器。哈大线的故障测距有一定的特点，通过接触网检测系统来进行故障测距，当发生故障时，保护动作后通过远动设备将各个并联点的开关断开，从而形成单线状况，然后将上行馈线合闸到接触网检测系统，通过检测系统判断故障是否发生在上行线，如果上行线没有检测到故障状态，再将检测系统合闸到下行线进行检测，从而找到故障点。以这种方式进行故障定位需要状态良好的远动系统，所需要的时间也会比较长，并造成线路长时间处于断电状态。

值得注意的是，由于故障大多属于瞬时性故障，在单侧重合闸的时候，故障已经消失，因而不能有效找到短路点，形成故障隐患。

二、AT 供电方式测距

AT 供电方式牵引网示意图如图 3-18 所示。这种供电方式克服了高速、大功率机车在 BT 供电方式线路下受电弓强烈拉弧的缺点，同时大大降低了牵引网的电压损失，从而减少了牵引变电所的数目。在我国未来的高速铁路中，AT 供电方式将得到很好的发展。在既有的 AT 供电线路中，一般采用末端分区亭(SP)并联运行的方式，也有单线运行的方式，在检修的时候，可以在开闭所(SSP)进行并联，另外还存在天窗运行方式。由于在 T 线和 F 线之间并联有一系列 AT 变压器，使牵引网阻抗距离关系呈现非线性特性，因此，在直接供电线路中采用的电抗测距原理不能应用于该种供电方式。

(1)AT 中性点吸上电流比

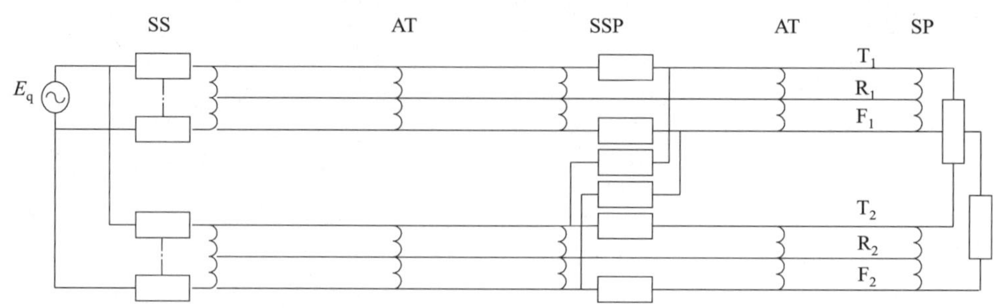

图 3-18 AT 供电牵引网示意图

我国既有的 AT 供电牵引网故障测距装置采用 20 世纪 60 年代末日本藤江宏史等人提出的 AT 中性点吸上电流比测距原理。AT 中性点吸上电流比定义为 $H=I_{n+1}/(I_n+I_{n+1})$，其中 I_n 和 I_{n+1} 为故障点所在 AT 段两个 AT 变压器中性点的吸上电流。在理想情况下，靠近变电所端 AT 处短路时，$H=0$；远离变电所端 AT 处短路时，$H=1$。实际上，由于存在钢轨漏抗、AT 漏抗、馈线长短、钢轨连接导电情况等因素，并不能满足前述条件，如图 3-19 所示。

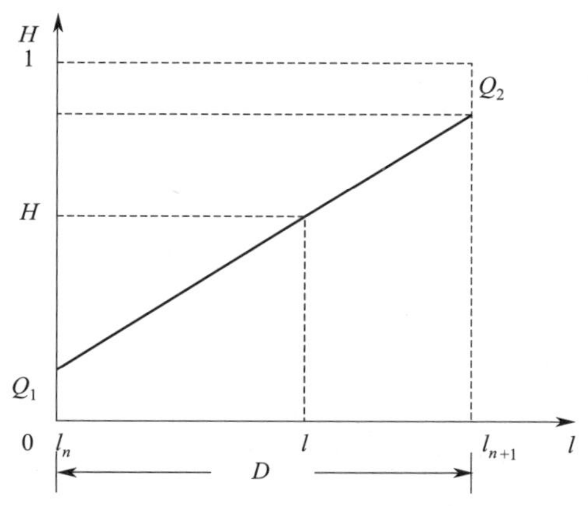

图 3-19 AT 中性点吸上电流比与故障距离曲线

若变电所至 AT_n 间的距离为 l_n，故式(3-3)可以得出牵引变电所至故障点之间的距离 l 为：

$$l=l_n+\frac{H-Q_1}{[1-(Q_1+Q_2)]}D(\text{km}) \tag{3-3}$$

式(3-3)中 Q_1、Q_2 取值复线平均为 0.05～0.1，D 为故障 AT 段的长度。AT 中性点吸上电流比测距原理不能对天窗运行和发生 TF 故障时进行测距，有其一定的局限性。

(2)复线上下行电流比

当 AT 供电牵引网末端如图 3-12 所示并联运行时，当发生 T、TF 故障时，测距公式为式(3-4)：

$$l=\frac{I_2}{I_1+I_2}2L \tag{3-4}$$

式(3-4)中的 I_1、I_2 并不是牵引馈线的电流，而是当量等值电流，它们与牵引网馈线上下行电流成相同的线性关系，其中 $I_1=I_{T1}-I_{F1}$、$I_2=I_{T2}-I_{F2}$，I_{T1}、I_{F1}、I_{T2}、I_{F2} 为上下行的 T 线、F 线电流。

(3)吸馈电流比法、电抗法综合测距

吸馈电流比，即为 AT 中性点吸上电流复数与馈线电流复数之比，用 Q 表示。由于 Q 的虚部远小于实部，在实际应用中，一般取吸馈电流比实部进行测距运算。

反向电抗，即为测量点 T-R 间电压与 AT 中性点吸上电流的复数比。

当 AT 牵引网单线运行，发生 T、TF、F 故障时，线路 Q 特性和电抗距离曲线如图 3-20 所示。其中：

①在第Ⅰ AT 段，T、F 故障可由 Q 特性测距，TF 可由 XTF 曲线测距；

②在第$Ⅱ_1$ AT 段，T、TF、F 故障可分别由 XT、XTF、XF 曲线测距；

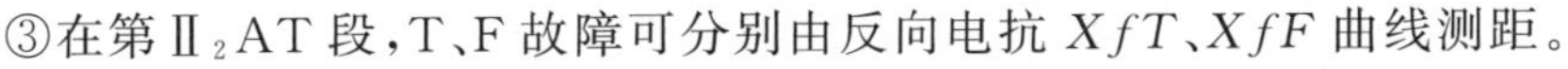

③在第Ⅱ$_2$AT段，T、F故障可分别由反向电抗 XfT、XfF 曲线测距。

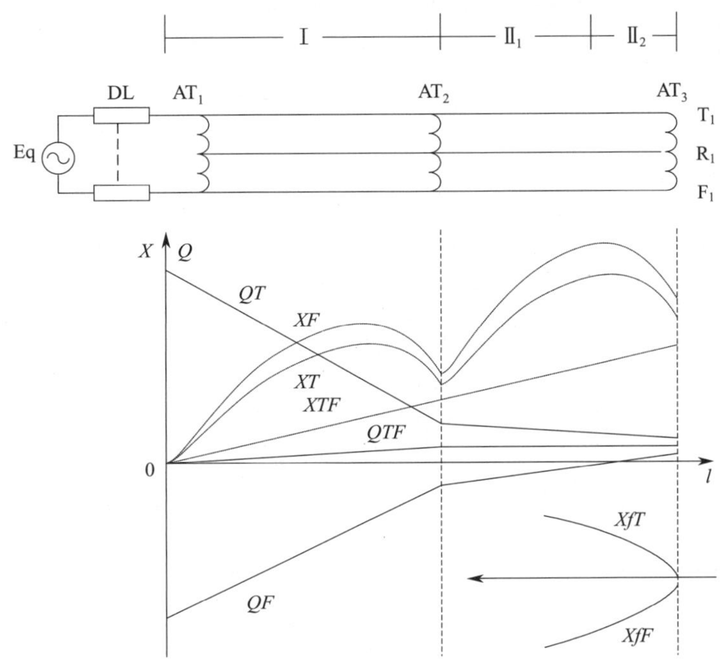

图3-20　单线AT牵引网故障 Q 特性和电抗特性

根据我国电气化铁路运行的故障测距装置来看，运行状况基本良好，测距装置在电气化铁路的安全运行方面发挥了应有的作用。我国大部分直接供电测距都采用电抗距离曲线查表测距和上下行电抗比方法测距。在既有的AT供电线路中，主要设备仍采用AT吸上电流比的测距系统，但由于该种设备年代久远，测距精度相对较低（误差可以达到2 km）。部分线路变电所采用吸馈电流比和电抗综合测距方式。由于我国既有AT供电线路正在或计划进行大规模改造，随着配备有良好远动设备的综合自动化系统应用于这些线路，各种测距方式都可以在先进设备条件下发挥各自的优越性、互补性。

全并联直接供电方式在我国哈大线的成功运行，不同于常规直供线路的测距原理和方法也第一次应用在该线路上，为电气化铁路故障测距原理增添了一些新型应用方式。在京沪高速铁路中，牵引供电系统采用复线全并联AT供电方式，一些相关的测距原理可参考相关文献。

在我国，部分电气化铁路限于条件不能采用复线牵引网方式供电，设计部门采用在线路始端和中部增加串联补偿装置的方式以提升网压，改善供电质量，提升运行性能。由于电容具有负电抗的性质，串补装置的加入破坏了线路阻抗的单调性。这样的直接供电方式测距遇到了一定的难题，但可以根据电路的 RLC 特性，分析故障数据，进行测距运算。

三、全并联AT供电方式测距

将复线AT供电方式的上下行牵引网的接触线、钢轨和正馈线在所有AT所都通过横联线对应并联起来，即为全并联AT供电方式。全并联AT供电方式的优点更加突出，线路的载流能力有了很大提高；并且由于上下行电的并联，使得对周围线路的干扰能力更小。但是由于上下行的并联，使得线路的拓扑结构极其复杂，牵引网短路阻抗计算，保护配置和故障测距都将造成一定的困难。目前,全并联 AT 供电方式在法国已经投入使用,在已建成使用的高速铁路以及未来将要建设的高速铁路或客运专线,都采用复线全并联 AT 供电方式。全并联 AT 供电牵引网典型如图 3-21 所示。

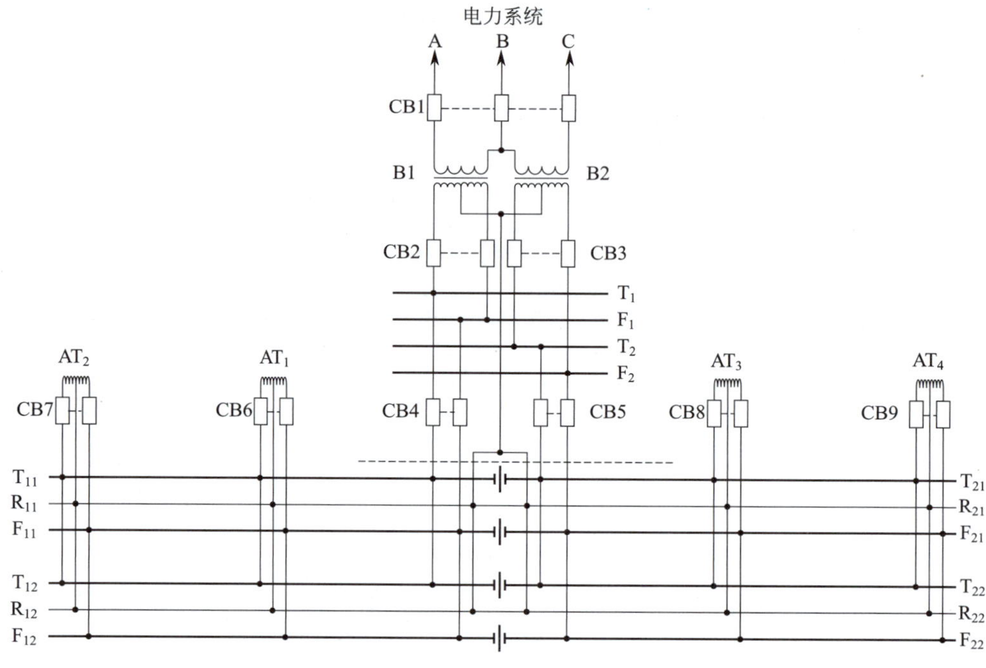

图 3-21 全并联 AT 供电牵引网组成示意图

设线路两个分段均为 15 km,根据全并联 AT 供电牵引网 T 或 F 故障、TF 故障短路阻抗与距离关系曲线如图 3-22 所示。当全并联 AT 供电牵引网发生单线 T 或 F 故障时,变电所出口测量阻抗与距离关系呈鞍形,当发生 TF 故障时,测量阻抗与距离关系仍然呈现非线性,从图 3-22 中看出阻抗随着故障距离具有一定的单调性。当线路发生 T 或 F 故障,不能通过电抗法来测距;当线路发生 TF 型故障,可以考虑采用电抗法测距。

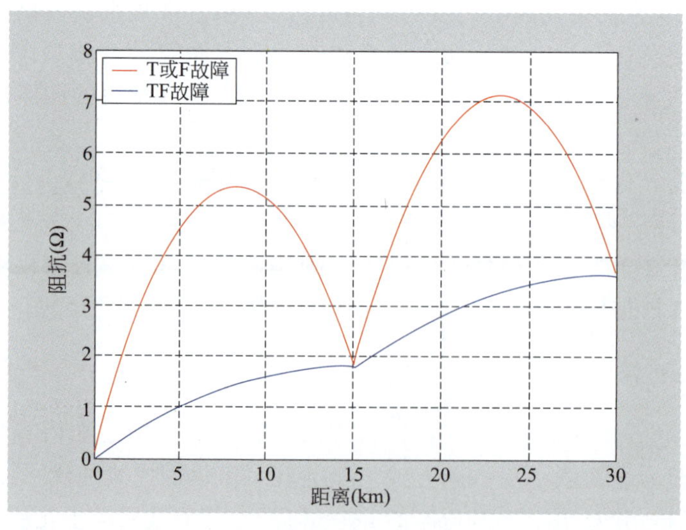

图 3-22 全并联 AT 供电牵引网短路阻抗—距离曲线

理论和实践分析表明，全并联 AT 供电牵引网故障测距依然可以采用式(3-3)所示的 AT 中性点吸上电流比法。

横联线电流：牵引网并联点上行流向下行的馈线电流。

横联线电流比：故障 AT 段距离变电所远端 AT 吸上电流比与故障 AT 段两端 AT 吸上电流之和的比值，如式(3-5)所示。

$$l=l_n+\frac{I_{HL(n+1)}}{I_{HLn}+I_{HL(n+1)}}D \tag{3-5}$$

式中　I_{HLn}——并联点横联线电流的有效值。

AT 吸上电流比测距原理和横联线电流比测距原理在我国高速铁路已经得到了大规模的应用。

四、高速铁路现场故障测距实例

这里以 2010 年 5 月 9 日武广高铁董家变电所 213(214)跳闸为例，进行保护动作和故障测距的情况分析。

1. 跳闸概况

2010 年 5 月 9 日武广高铁董家变电所 213、214 跳闸，重合闸成功。两条馈线故障参数如下：

(1)213 跳闸时间 10：47：08，电流增量动作，故障电压 12.30 kV，故障电流 2 271 A，阻抗：5.42 Ω，阻抗角：66.2°。

(2)212 跳闸时间 10：47：08，电流增量动作，故障电压 12.32 kV，故障电流 2 282 A，阻抗：5.40 Ω，阻抗角：65.8°。

故障测距装置形成的故障报告表如表 3-1 所示。

表 3-1　故障报告表

故障日期：2010-05-09	
故障时间：10：47：08	
报告类型：T 型	
断路器号：213	
报告性质：故障	所 1 吸上电流　1 424 A
故障类型：无效	所 1 下行母线电压　6.66 kV
距离标志：公里标	所 1 上行母线电压　6.72 kV
测距结果：K1918+475	所 1 下行 T 线电流　561 A
动作标志	所 1 下行 F 线电流　356 A
AT 测距法	所 1 上行 T 线电流　203 A
U_1=11.76 kV	所 1 上行 F 线电流　342 A
U_2=11.76 kV	所 1AT_1 吸上电流　0 A
I_{T1}=1 372 A	所 1AT_2 吸上电流　1 424 A
$I_{F1=}$1 003 A	所 2 吸上电流　2 581 A
I_{T2}=1 379 A	所 2 下行母线电压　3.04 kV

续上表

I_{F2}=1 007 A	所 2 上行母线电压　3.11 kV
I_{AT1}=0 A	所 2 下行 T 线电流　1 307 A
I_{AT2}=0 A	所 2 下行 F 线电流　627 A
Q=0.16	所 2 上行 T 线电流　202 A
故障事件	所 2 上行 F 线电流　649 A
2010-05-09 10：47：08	所 $2AT_1$ 吸上电流　0 A
变电所吸上电流　743 A	所 $2AT_2$ 吸上电流　2 581 A

根据前面的讲述，采用吸上电流比（式 3-3）原理进行计算，由以上数据表明故障点在石盖塘 AT 分区所与华塘 AT 所之间的接触网设备（T 相），查看公里标在郴州西站南头下邓家湾特大桥附近。

2. 跳闸原因查找

（1）供电车间组织耒郴区间登乘巡视（董家—石盖塘供电区间）接触网设备，并未发现异常。晚上计划组织巡视 K1917～K1919 之间接触网设备。

（2）郴州客专供电车间组织人员当晚利用天窗时间进行巡视，发现郴州西站南头 231 号杆腕臂棒式绝缘子有放电击穿烧伤痕迹，如图 3-23 所示。

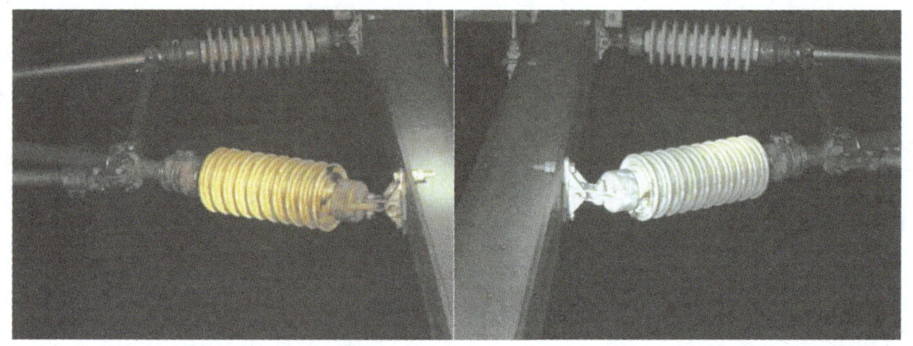

图 3-23　故障处绝缘子

（3）巡视检查发现郴州西站下行 T 线避雷器（0249 号杆）动作次数为 1。F 相避雷器、上行避雷器动作次数为 0。

3. 故标分析

故障杆（231 号杆）公里标为 K1918＋699，变电所的故测装置显示为 K1918＋475，误差 224 m。

4. 原因分析

（1）绝缘子故障情况：棒式绝缘子底部末端（支柱侧）伞群朝地面侧、上端（腕臂侧）第一伞群有强电弧烧伤痕迹，中间伞群朝地面侧略有发黄。

（2）故障原因：当天该地为雷雨天气，大雨在该棒式绝缘子上形成线状水帘，由此造成绝缘有效距离大大减小，雷电在避雷器上的残压瞬间将其击穿，开关跳闸，电弧高温气化水珠使绝缘恢复，重合闸成功。

5. 处理

车间将烧伤绝缘子给予更换。

第四节　牵引供电 SCADA 系统

一、SCADA 系统概述

SCADA(Supervisory Control And Data Acquisition)系统，它是以计算机为基础的生产过程控制与调度自动化系统，可以对现场的运行设备进行监视和控制，以实现数据采集、设备控制、测量、参数调节以及各类信号报警等各项功能。由于各个应用领域对 SCADA 的要求不同，所以不同应用领域的 SCADA 系统发展也不完全相同。在铁路供电系统中使用的SCADA系统常又叫做远动系统。

SCADA 系统由调度主站(Master Terminal Unit，简称 MTU)、传输通道(Channel)和被控站(Remote Terminal Unit，简称 RTU)三大部分构成。SCDA 原理图如图 3-24 所示。

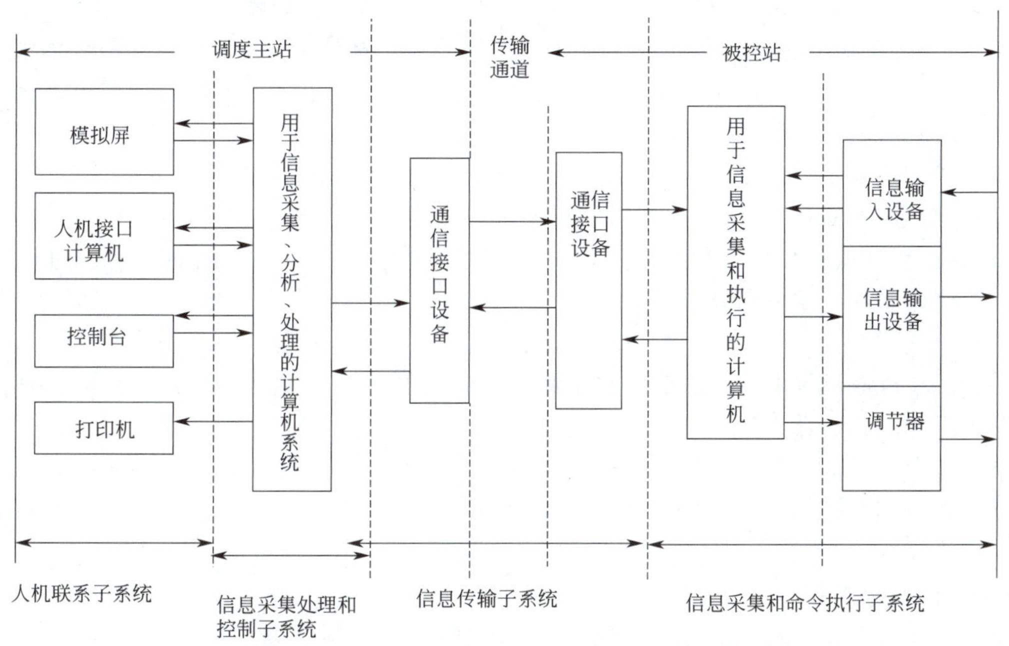

图 3-24　SCADA 系统原理框图

调度主站：设在电力调度所内完成远方对象的监控、数据统计及管理功能等。

被控站：被控站完成调度系统的数据采集、预处理，发送、接收及输出执行功能，常规远动系统被控站为远方终端设备 RTU，变电所自动化系统作为整体也可看作是一个被控站。

传输通道：连接调度主站与被控站的介质(通路)称为传输通道，可分为有线传输通道及无线传输通道，用于传输远动信息。

调度站一般设在铁路局(供电段)的供电调度所内，被控站一般设在铁路沿线的各变电所、分区所内，它们之间的信息通过传输通道来传输。调度站的主要任务就是对被控站送来的信息进行加工、处理，并根据需要进行各种报表、记录的打印、存储、显示，对事故信号进行报警，以及操作员通过人机接口向各被控站发出操作命令等。被控站的主要功能则是采集变电所内各开关量的状态、电气量的参数并及时上送调度站，以及执行调度站发来的各种操作命令等。远动传输通道是调度站和被控站间的通信纽带。

供电调度自动化系统的基本功能包括：遥控、遥调、遥测、遥信、遥视。

二、高速铁路供电 SCADA 系统

高速铁路监控系统采用 $N+1$ 调度管理模式，即在全国范围内设置 N 个区域调度所，在铁路总公司设置一个高速铁路总调度中心。区域调度所负责管辖区域内的所有高速铁路系统的监视控制和调度指挥，铁路总公司调度中心统筹实施对高速铁路的统一调度指挥，在正常工作模式下可以监视各区域调度所系统的运行状态，并在必要时提供协调性调度指挥建议。

基于中国高速铁路 $N+1$ 调度指挥模式的需要，无论是位于铁路总公司调度中心的系统，还是位于各个区域调度所的系统，均需要采用统一的技术框架和硬、软件技术平台，以满足各高速铁路统一监控调度指挥的需求。

1. 高速铁路供电 SCADA 系统的特点

(1)调度模式

中国高速铁路供电 SCADA 系统将由单一线路的监控转向多线路、区域化的两电合一的调度监控模式，无论是区域调度所，还是铁路总公司调度中心，都将是一个能承载多条线路监控，且能在单个独立系统的基础上，通过逐步扩展，最终到达未来 20 年高速铁路发展的监控需求。

(2)监控对象及容量扩展巨大

高速铁路供电 SCADA 系统不再沿用普速铁路中对牵引供电系统、电力配电系统分别设置独立监控系统的实现方式，系统的监控对象不仅包括牵引供电系统，同时还包括 10 kV 电力配电系统，因此监控数量非常庞大。牵引供电监控对象包括：牵引变电所、AT 分区所、AT 所、开闭所、接触网上网隔离开关。

以上海客专供电 SCADA 系统为例，它管辖了包括沪杭甬、杭长、宁杭、沪宁等全长 3 000 km的十几条城际客专，经统计，整个系统的监控容量为 55 万点，而过去普速铁路的监控模式一般采用一条线路设置一个监控系统的模式，那么以其中最长的杭长客专为例，其线路里程 880 km，牵引供电 SCADA 系统的监控容量为 2.8 万点，电力供电 SCADA 系统的监控容量为 2.5 万点，相较于整个上海客专供电 SCADA 系统 55 万点的监控容量，有 20 倍的容量增加。

(3)功能需求提高

随着自动化系统应用的成熟和电气设备品质的提升，中国高速铁路牵引供电和电力配电系统的被控站点一般采用无人值守的运行模式，所以，供电 SCADA 系统除了完成常规的监视和控制功能外，还需要为电力调度人员、生产抢修人员提供丰富的故障分析数据，如故障录波、故障报告等，以加快供电系统事故的处理进程。同时，还需具备电力配电自动化系统 DMS (Distributed Management System)的故障判断和故障隔离功能，以及对被控站系统的运行参数，如保护定值、各类阈值等，进行远程设置的功能。

(4)接口需求丰富

高速铁路供电 SCADA 系统需要与中国高速铁路总体技术框架下，统筹规划建设的运营调度系统、综合视频监控系统、综合维修管理信息系统、既有线电调系统实现双向的互连互通，因此对外部系统的接口访问需求丰富。

2. 高速铁路供电 SCADA 系统的监控对象

牵引供电 SCADA 系统的监控对象为铁路牵引供电设备。牵引供电系统采用单相 27.5 kV交流供电方式，因此其监控范围包括牵引变电所、分区所、AT 所、接触网开关。

各部分的监控对象如下：

(1)牵引变电所

①遥测：进线电压、进线电流、主变功率、27.5 kV 母线电压、主变一次侧有功电度、无功电度、馈线电流、馈线故障点参数(馈线号、公里标)。

②遥信：中央信号(包括事故总信号、预告总信号、自动装置动作、控制回路断线、控制方式、交流回路故障、直流电源故障、压互回路断线等)，遥控对象位置信号，进线有压/失压，自投投入/撤除信号，牵引变压器的各类故障信号(含保护动作信号)，电容器的各类故障信号(含保护动作信号)，馈线的各类故障信号(含保护动作信号)，各开关操作机构的工作状态信号，被控站设备、远动通道运行状态、所内环境及安全报警信号。

③遥控：27.5 kV 及以上断路器、电动隔离开关、重合闸投切、自投装置投切、远方复归。

(2)分区所

①遥测：接触网末端电压，馈线电流。

②遥信：中央信号(包括事故总信号、预告总信号、自动装置动作、控制回路断线、控制方式、交流回路故障、直流电源故障、压互回路断线等)，遥控对象位置信号、馈线的各类故障信号(含保护动作信号)，自耦变压器的各类故障信号(含保护动作信号)，各开关操作机构的工作状态信号，被控站设备、远动通道运行状态、所内环境及安全报警信号。

③遥控：27.5 kV 断路器、电动隔离开关、自投装置投切、远方复归。

(3)AT 所

①遥测：馈线电流。

②遥信：中央信号(包括事故总信号、预告总信号、自动装置动作、控制回路断线、控制方式、交流回路故障、直流电源故障、压互回路断线等)，遥控对象位置信号，馈线的各类故障信号(含保护动作信号)，自耦变压器的各类故障信号(含保护动作信号)，各开关操作机构的工作状态信号，被控站设备、远动通道运行状态、所内环境及安全报警信号。

③遥控：27.5 kV 断路器电动隔离开关、自投装置投切、远方复归。

(4)接触网开关

①遥信：各开关操作机构的工作状态，通道运行状态。

②遥控：电动隔离开关。

3. 高速铁路供电 SCADA 系统结构

高速铁路供电 SCADA 系统的构成分为三层：

(1)高速铁路供电 SCADA 部调度中心系统。

(2)高速铁路供电 SCADA 调度所系统，包括设置在各路局的调度所系统。

(3)现场设备层，包括：

①设置在高速铁路沿线的牵引变电所、AT 分区所、开闭所、AT 所内的牵引变电所综合自动化系统。

②设置在高速铁路沿线的电力变配电所内的电力变配电所综合自动化系统。

③设置在高速铁路沿线的站场变电所、区间/站场箱变、高压环网柜内的电力远动监控终端(RTU)。

④用于接触网开关监控的：接触网开关控制站、接触网开关无线遥控系统、接触网开关光纤监控装置。

高速铁路供电 SCADA 系统的构成及外部接口关系如图 3-25 所示。

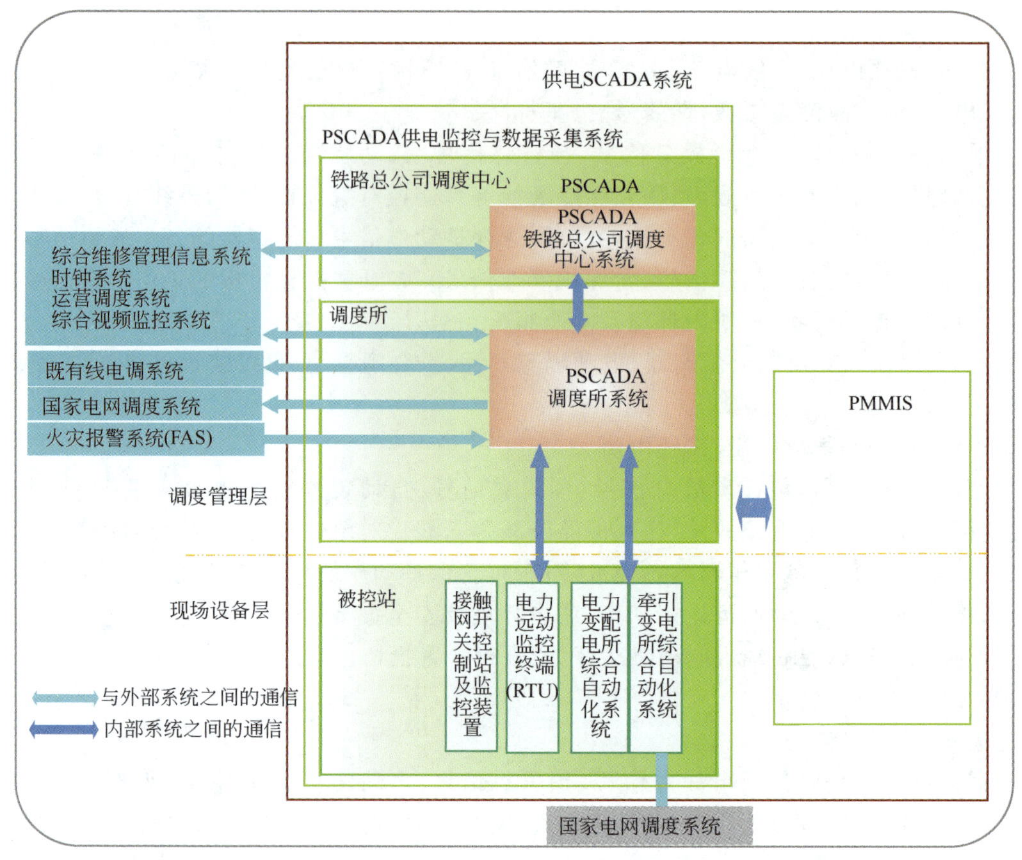

图 3-25 高速铁路供电 SCADA 系统的构成及外部接口关系图

同时，高速铁路供电 SCADA 系统的建设还包括连接上述三层的通道。

三、高速铁路供电 SCADA 系统调度站

1. 硬件平台

高速铁路供电 SCADA 调度所系统负责监控所辖范围内所有高速铁路的牵引供电系统、电力配电系统设备，并实现与相关外部系统的接口，其系统配置原理图如图 3-26 所示。

调度所内的主要硬件设备包括：

(1)计算机网络设备：核心交换机、接入交换机、光纤存储交换机、数据采集交换机、接口交换机。

(2)数据库服务器组：历史数据服务器、备份服务器、配置服务器。

(3)SAN 存储系统：磁盘阵列、磁带库。

(4)应用及通信服务器组：应用及通信服务器。

(5)维护管理台：维护及域名管理工作站。

(6)调度台：牵引调度工作站、电力调度工作站。

(7)调度管理台：调度长及统计分析工作站、维修管理工作站。

(8)接口服务器组：接口服务器、WEB 服务器。

(9)网络管理及安全设备：病毒防护工作站、网管工作站，IPS 入侵监测设备、防火墙。

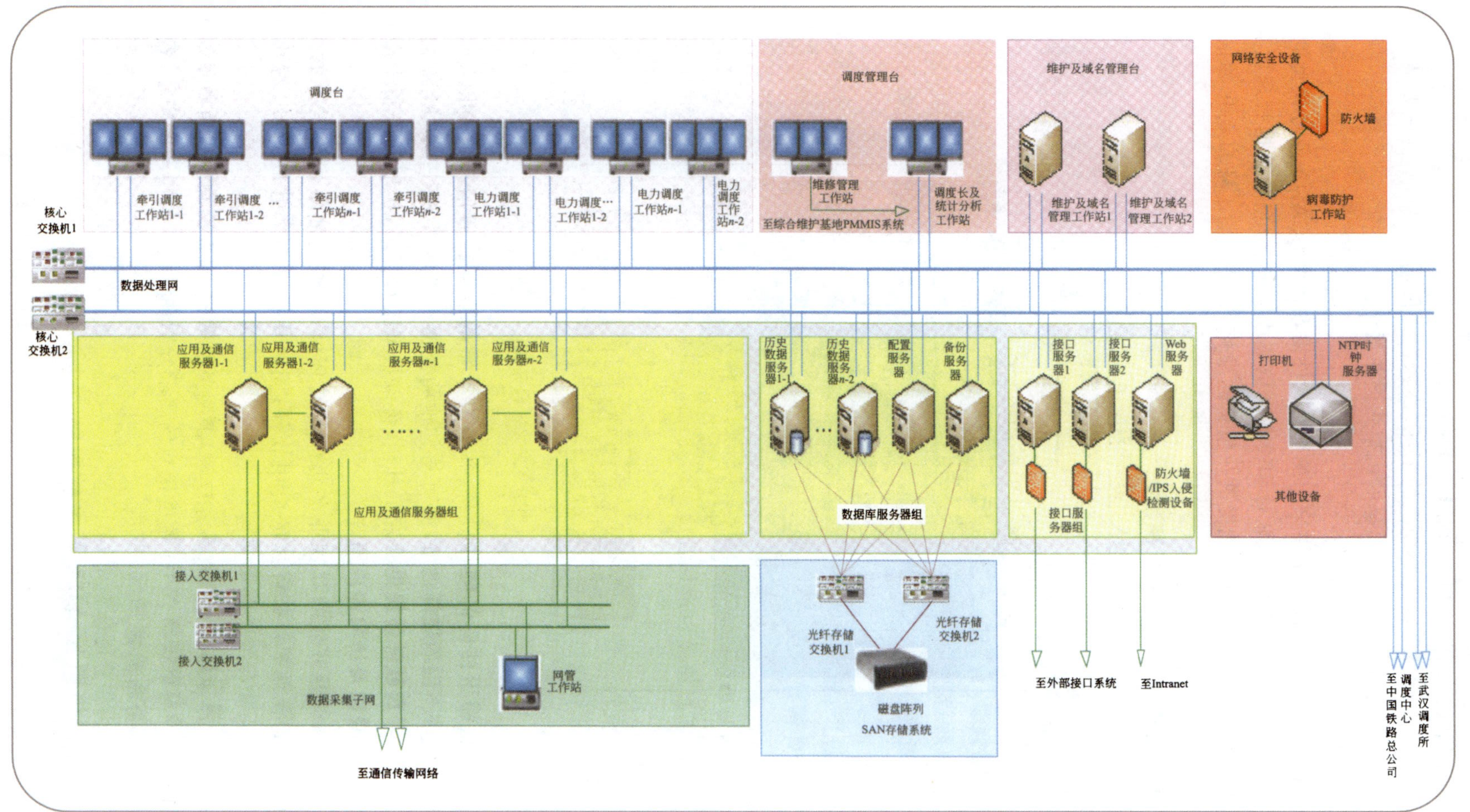

图 3-26　高速铁路供电 SCADA 调度所系统配置原理图

(10)其他设备:打印机、NTP时钟服务器等。

为了节约机房空间以及设备对能源的消耗,高速铁路供电SCADA系统大量采用密集计算的基础设备,包括刀片服务器,低功耗的机架式服务器等。

2. 软件平台

在高速铁路供电SCADA系统中采用的平台软件需在通用SCADA业务模型的基础上提供具有良好开放性的工业域名服务、软件和设备通信集成服务、信息和数据管理服务、应用开发服务、系统管理和扩展服务,从而能提供一整套标准化、组件化的工业自动化和信息化解决方案。

平台软件的系统架构如图3-27所示。

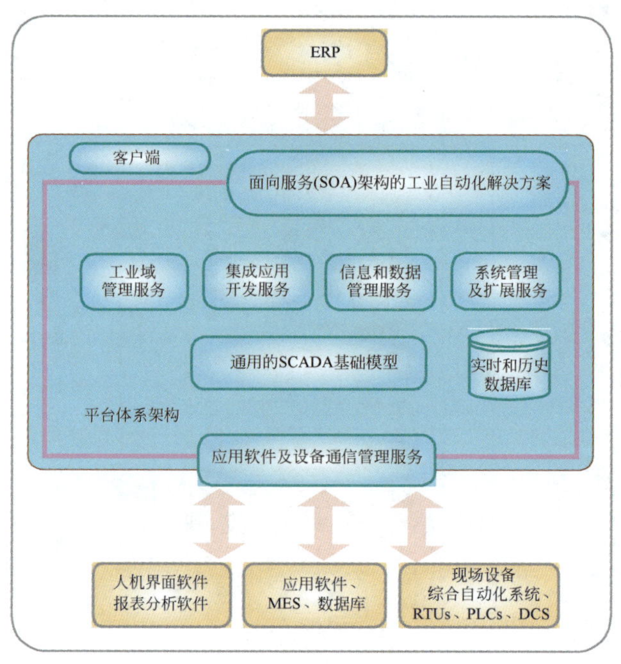

图3-27 平台架构

软件平台不依赖于任何的硬件设备,并具有丰富的数据和通信接口,可以连接上千种RTU、PLC、仪表等不同的硬件设备,并可与其他的数据库或包括ERP、EAM等的企业系统实现集成。同时,平台软件还提供开发工具包,可以根据工程要求,扩展开发新丰富的数据和通信接口、应用对象以及访问客户端等。

平台软件提供的是开放的二次业务集成开发环境,可方便地集成第三方的应用系统,允许客户开发运行在该平台软件上的应用软件;同时还提供一个开放、易用的开发和使用环境。

平台软件可方便地构建分布式多客户端/多服务器架构,服务器端可以由数量众多的物理服务器分别构成,并可以按照$N+1$调度模式的要求分别在铁路总公司调度中心、各高速铁路调度所进行统一的分布部署。

四、高速铁路供电SCADA系统被控站

高速铁路供电系统是牵引供电和电力配电两电合一的系统。

牵引供电远动系统中包含了对牵引变电所亭(开闭所、分区所、AT 所)监控的被控站和对接触网开关监控的被控站两种类型。变电所自动化系统已在本章的 3.2 节进行了介绍,本节只针对接触网开关控制站的特点进行介绍。

1. 接触网开关监控系统的主要功能

接触网开关监控系统主要完成对枢纽站场内或区间的电动隔离开关的集中监控,实现以下功能:

遥控功能:实现对接触网开关的合/分控制。

遥信采集:采集接触网电动隔离开关的分、合闸状态、接地线状态、控制箱门的开关状态等。

通信功能:与供电 SCADA 系统进行实时数据通信,向调度所系统传递现场设备运行信息,并在调度所系统指令下实现遥控和遥信功能。

2. 接触网开关监控系统的原理结构(图 3-28)

由于接触网开关分布较为零散,采用通常的集中式 RTU 控制方式,常常会因为控制出口线缆过长,加上电气化铁路干扰较为严重,在出口线缆上产生干扰信号,导致接触网开关的误动,因此接触网开关监控系统一般采用基于光纤通信接口的分布式 RTU 技术。整个接触网开关监控系统包括接触网开关监控盘和开关控制单元两大部分,其间采用光纤通道作为通信传输介质。

接触网开关监控盘作为整个接触网开关监控系统的通信管理装置,通过光纤通信接口,与开关控制单元进行通信,实现监控信息的上传及下发,从而实现对所管辖的接触网电动隔离开关的实时集中监控管理。

接触网开关监控盘和开关控制单元之间的光纤通道,最大限度地降低了传统 RTU 采用长距离的控制出口电缆直接驱动接触网电动隔离开关控制回路可能造成的较高的感应电压,从而彻底避免了开关的误动,增强系统的可靠性。

现场实际应用中,一个接触网开关监控盘一般管理多个户外开关控制单元,如果现场需要增加接触网开关监控对象,接触网开关监控盘可以重新配置,增加户外开关控制单元数量,扩大监控容量。

接触网开关监控系统 RTU 接入调度通道的方式有两种:

(1)对于设置在所亭内的接触网开关控制站,与变电所综合自动化系统共用一个远动通信接口,通过接入变电所综合自动化系统,并通过综自系统纳入牵引远动通道。

(2)对于设置在站场或隧道内的接触网开关控制站,在设计通信时直接提供通信接口,可以直接接入牵引远动通道环。

接触网开关监控系统的控制方式可以采用四级控制方式:调度站远动控制、所内综自系统当地后台控制、所内接触网开关监控盘的盘控面板进行控制、当地开关本体手动控制。四级控制方式实现互为闭锁。正常运行时 SCADA 调度系统发出的控制命令,通过变电所综自系统的后台通信管理机转发到接触网开关监控系统,通过接触网开关监控盘转发到户外开关控制单元,由户外开关控制单元对接触网隔离开关进行遥控出口,实现隔离开关的远程分、合闸操作。在通道不通的情况下,可以通过所内的当地综自后台监控系统,对接触网隔离开关进行遥控。在一些开闭所或分区所,没有配置综自后台监控系统,或者综自后台监控系统无法操控的情况下,可以通过所内接触网开关监控盘的盘控面板,通过 PLC 将控制信号直接发送至户外控制单元。最后,当所有前面三级控制都无法完成操作时,可以在当地开关处进行手动控

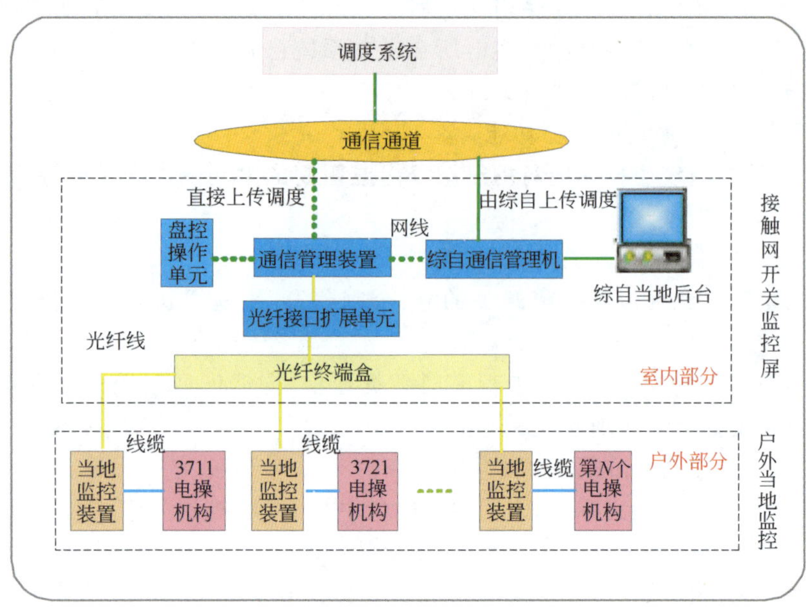

图 3-28 接触网开关监控系统结构图

制。远方遥控和当地控制操作之间设置操作切换闭锁，同一被控开关只允许由一个控制端对其实施遥控，以达到安全控制的目的。

3. 接触网开关监控盘

由于接触网开关较为分散，一部分集中在变电所亭的附近，一部分分布在车站或隧道附近，所以针对这两种不同位置的接触网开关的监控，监控盘包括两种结构，两种类型的控制盘在主要功能上没有区别，但是由于实际的应用场景不同，设备配置会有些差距，接入调度通道的方式也有不同：

(1)对于设置在所亭内的接触网开关控制站，与变电所综合自动化系统共用一个远动通信接口，通过接入变电所综合自动化系统的后台通信管理机，由后台管理机转发接入牵引远动通道。

(2)对于设置在站场或隧道内的接触网开关控制站，通信在设计时直接提供通信接口，不通过任何数据转发直接接入牵引远动通道环。

所亭内接触网开关监控盘(图 3-29)：一般与变电所的综自系统安装在一起，共同使用交直流盘的电源系统；由通信管理装置、光纤接口扩展单元、盘控操作单元、盘体等组成。

户外接触网开关监控盘(图 3-30)：对车站或隧道的接触网开关进行监控，与所亭内的监控盘最大的区别在于是户外的安装环境，因此安装环境和电源条件都更为恶劣，除了以上通信管理装置、光纤接口扩展单元、盘控操作单元外，由于安装在户外，所以对于箱体的要求非常高，采用户外屏体。户外屏体防护等级要求较高，选用高强度钢组合结构，屏体采用全封闭结构，表面采用喷塑处理，双层隔热，防水、防雨、防潮。对电源的防护采用交流屏作为户外接触网开关监控盘的交流自用电电源及隔离开关的操作电源，由进线回路、馈线回路、自动切换回路、测量计量仪表、控制保护回路等构成。交流盘具备两路交流电源接入，同时保证在两路外部电源切换时不影响接触网开关控制站的正常工作。如果无法配置交流屏，对电源的防护必须采用防浪涌装置，安装在电源入口处，以保护后级的设备。

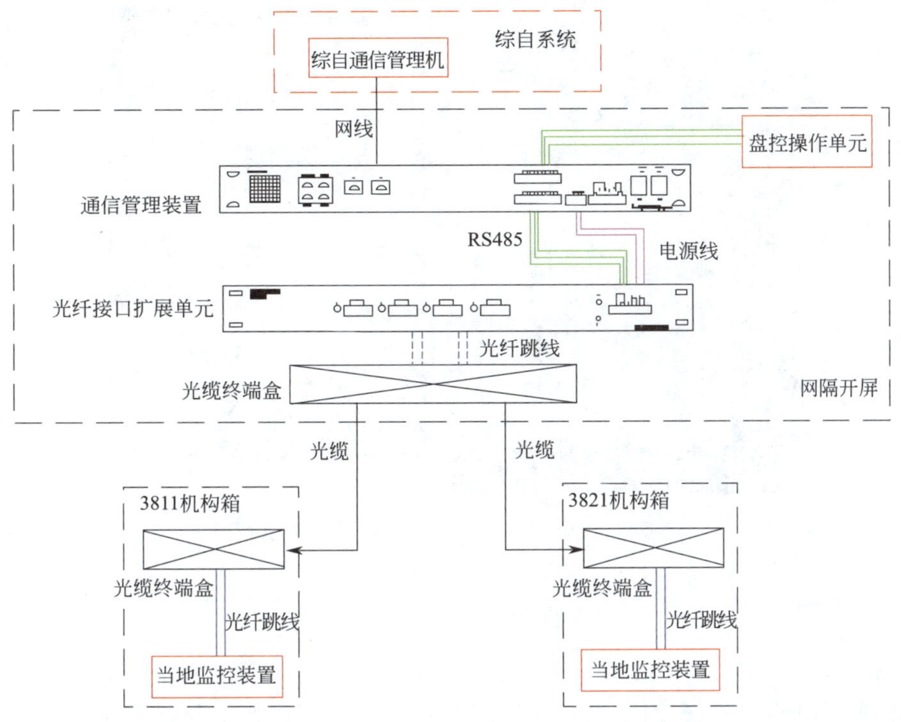

图 3-29　所内接触网开关监控屏的原理结构

图 3-30　户外接触网开关盘的实物图

4. 接触网开关户外当地监控装置(图 3-31)

接触网开关当地监控装置是整个系统的执行机构，它包括主控单元、光纤通信接入设备、电源单元和箱体组成。它接收接触网开关监控盘通过光纤接口转发来的控制命令，输出至开关操作机构控制回路，驱动电动操作机构使开关动作，并将开关的状态回送至接触网开关监控盘。通过接触网开关监控盘与调度主站进行通信，完成系统对接触网开关的监控。

为了方便测试和维护，接触网开关当地监控装置一般设有试验对象，以便测试和检查整个系统是否正常工作。

接触网开关当地监控装置支持便携式维护 PC 机对开关控制单元进行软、硬件诊断，通过 RS485 接口可查看装置的自检记录、通信报文、操作记录等，便于故障的查找与定位。

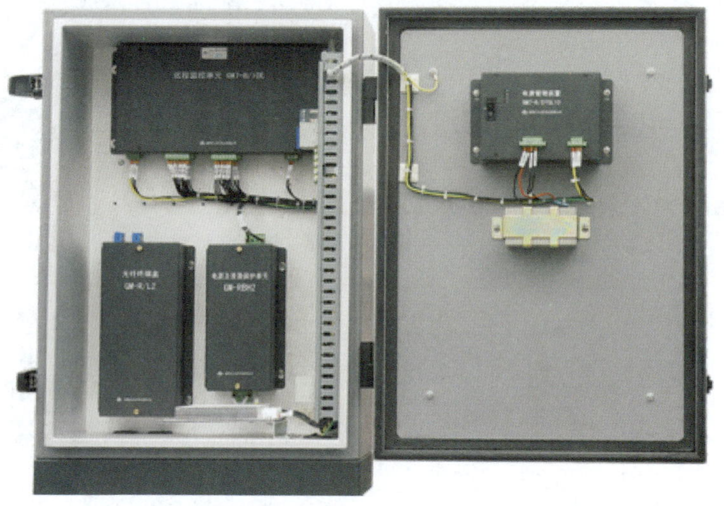

图 3-31 接触网开关当地监控装置箱内示意图

五、高速铁路供电 SCADA 通信规约

国际电工委员会(IEC)为适应网络传输,2000 年发布了 IEC 60870-5-104:2000。为了规范上述标准在国内的应用,全国电力系统控制及其通信标准化技术委员会指定并颁布了相应的电力行业标准。

高速铁路供电 SCADA 系统通信规约是 IEC 60870-5-104 的一个子集,为了满足高速铁路对时间精度的要求,选用 IEC 60870-5-104 带 CP56 时标的命令标识。

第四章　高速铁路接触网系统

接触网是列车(动车组)从牵引供电系统获取电能的必经之路,一旦出现故障,必然引起供电中断,导致列车停车,可见其重要性。本章将介绍高速铁路接触网的基本特性结构、主要的电气设备等基本知识。

第一节　接触网的基本功能与组成

一、接触网的基本功能

接触网是牵引供电系统的重要组成部分,牵引变电所通过接触网向列车(动车组)供电,而列车(动车组)通过受电弓从接触网取电,如图4-1 所示。

图 4-1　受电弓从接触网上取电

二、接触网的发展

接触网是随电气化轨道交通的产生而产生的,也是随电气化轨道交通的发展而不断变化的。1876 年俄国工程师 Φ·A·皮洛斯基在彼得堡首次通过钢轨给“电动机车”供电,因绝缘需要,列车车轮采用木制车轮,这是最早的接触网形式。1879 年 Werner von Siemens 设计并制造出了世界上第一套具有现代电气化轨道交通雏形的电气化轨道交通系统,在该套系统中,接触网敷设于两走行轨中间,与地和走行轨绝缘,走行轨作为电流回流通路,因此,这样的接触网也称供电轨或第三轨。1881 年在法国巴黎国际电工展览会上第一次出现了由两条架空导线供电的架空式接触网。1884 年美国人 C·J·范德波尔在多伦多农业展览会上用一根带触轮的集电杆和一条架空接触线向电车供电,钢轨作为回路。1889 德国首次出现了弓状受流器,为受流器的蜕变和发展提供了新的思路。1903 年 10 月,德国 AEG 公司设计施工完成了一种三相交流接触网，且利用三相电动车创下了 210 km/h 的试验速度，但因三相交流接触网结构过于复杂，列车无法通过道岔，没有得到发展和实际应用。

随着电气化轨道交通的不断发展，牵引功率和运行速度不断提高，接触网也从最初单一的接触轨形式演变和发展为适应不同运输需求的结构形式。高速铁路中采用的全部为架空柔性接触网。京津城际高速铁路接触网如图 4-2 所示。

图 4-2 京津城际高速铁路接触网

三、高速铁路接触网的基本组成

高速接触网一般由支柱与基础、支持装置、定位装置、接触悬挂以及附加悬挂等五部分组成，如图 4-3 所示。

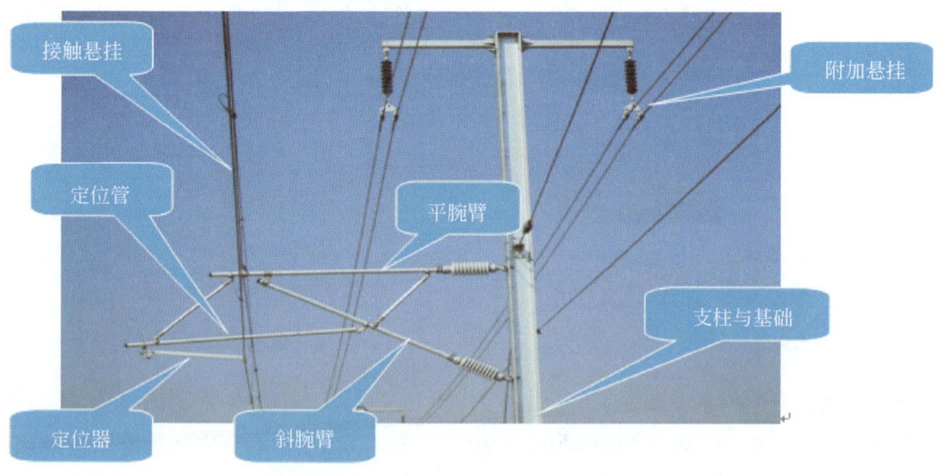

图 4-3 高速接触网的基本组成

支柱与基础是接触网的重要承力设备，承受接触网的全部机械负荷并传递给大地。对支柱和基础的要求是在设计条件范围内，不出现裂纹、锈蚀、倾斜以及变形。

腕臂支持装置安装在腕臂柱、硬横梁及隧道内用吊柱上，起到承载接触悬挂荷重、固定承力索、固定定位装置的作用，一般由平腕臂、斜腕臂、套管座、承力索座、腕臂支撑、套管单耳、管帽等组成，如图 4-4 所示。

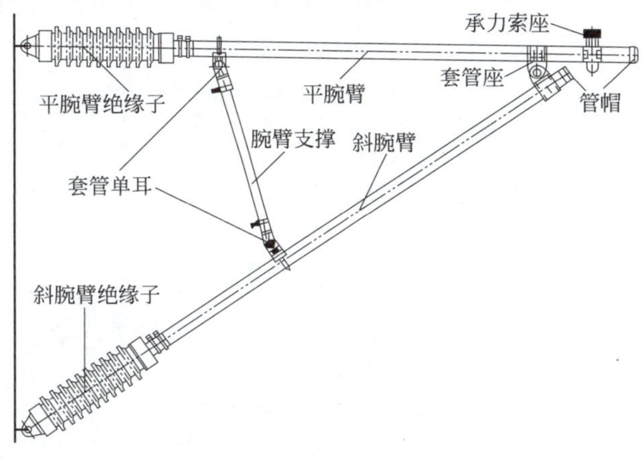

图 4-4　腕臂支持装置的基本组成

腕臂是外径为 55～75 mm 的钢管或高强度铝合金管。平腕臂用于组成旋转腕臂结构三角形的上部，平腕臂悬臂一端通过铝合金承力索座支撑承力索，另一端与棒式绝缘子相连，通过铝合金套管座与斜腕臂连接。斜腕臂用于组成腕臂支持结构三角形斜边，斜腕臂一端通过腕臂连接装置与平腕臂相连接，另一端通过棒式绝缘子与下腕臂底座相连接。腕臂支撑用在平腕臂与斜腕臂之间以增加腕臂的负荷能力。铝合金套管座用于平腕臂和斜腕臂相交处的连接。承力索座用于平腕臂上悬挂、固定双支或单支承力索。套管单耳用于安装在平、斜腕臂上连接腕臂支撑。管帽用于安装在腕臂端头防尘、防水保护。

支持装置应有足够的机械强度、重量轻、结构简洁、防腐性能好、便于安装和维护。

定位装置如图 4-5 所示，由定位管、定位器等零部件组成，安装在支持装置之上，完成接触线的空间定位，保证接触线相对于轨道平面的高度（专业术语称为导高）和轨道线路中心的偏离距离满足受电弓高速滑行的需要，对定位装置的要求是简洁、稳定，安全、可靠，零件少、质量轻，防腐性能好，便于装配和调整。

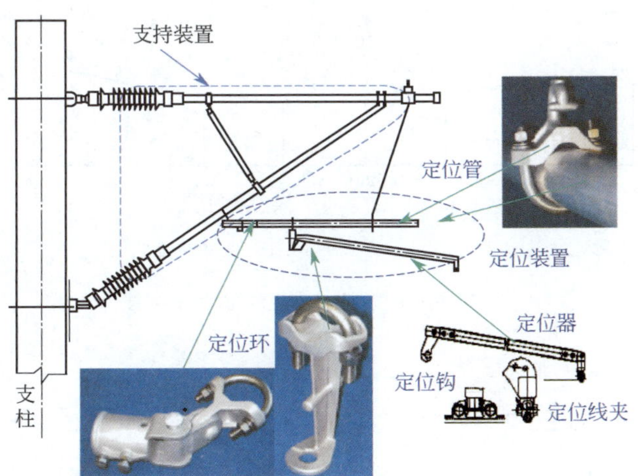

图 4-5　支持和定位装置的组成及零件

接触悬挂是指安设于支持和定位装置之上，由接触线等线索及其装配零件组成的直接与受电弓接触完成电能输送的结构总称。接触悬挂应具备良好的机电性能。

高速铁路接触网采用的接触悬挂形式有简单链型悬挂、弹性链型悬挂和复链型悬挂，如图 4-6 和表 4-1 所示。

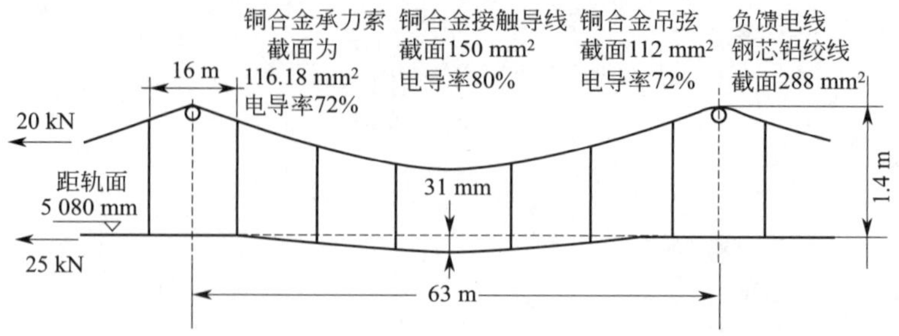

(a) 法国瓦朗斯(VALENCE)—马塞(MARSEILLE)简单链型悬挂

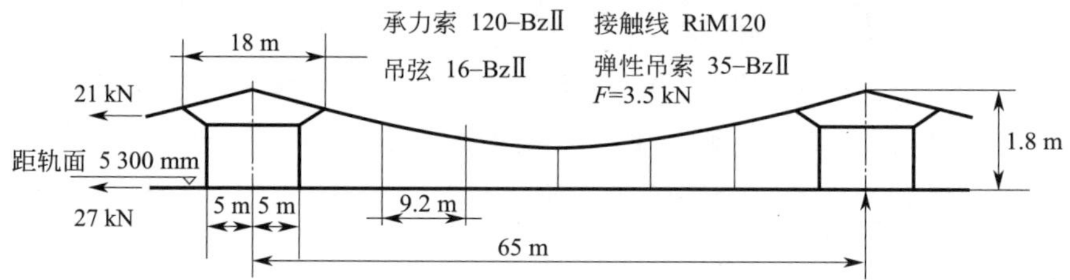

(b) 德国Re330弹性链型悬挂

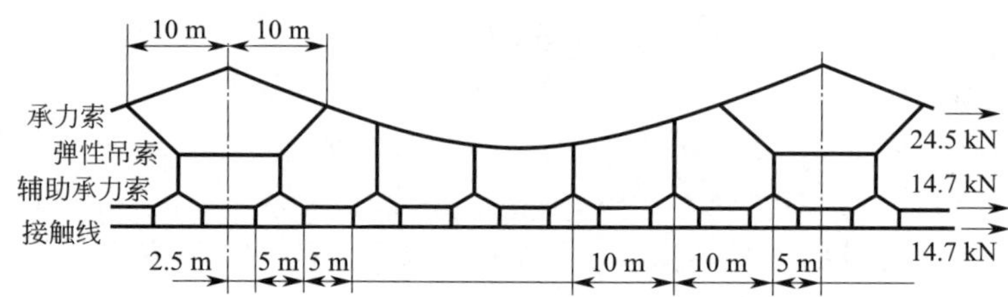

(c) 日本重型复链型接触网示意图

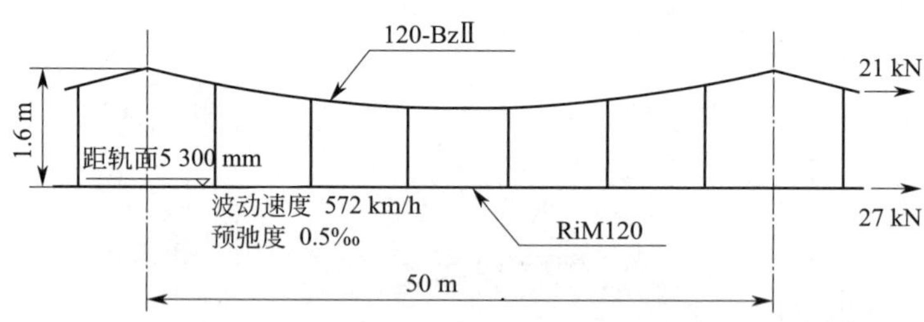

(d) 中国京津城际客运专线简单链型悬挂

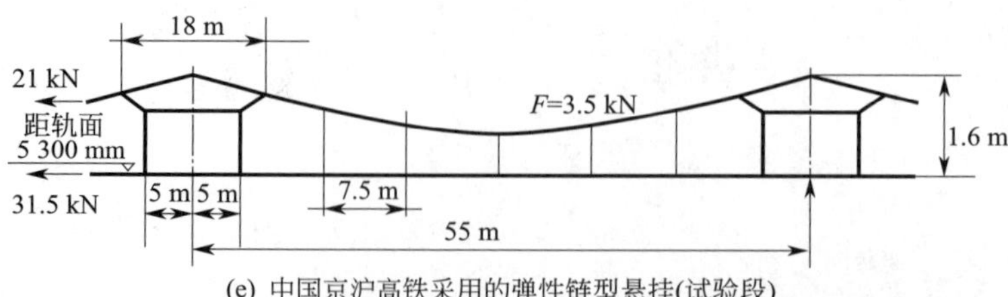

(e) 中国京沪高铁采用的弹性链型悬挂(试验段)

图 4-6 世界主要高速铁路采用的接触悬挂示意图

表 4-1　世界 300 km/h 高速铁路采用的接触悬挂形式

时期	国　家	线　路	速　度	悬挂形式
1996 年	日本	山阳新干线(改造)	300 km/h	复链型
1990 年	法国	TGV 大西洋线	300 km/h	简单链型
2001 年		TGV 地中海线	350 km/h	
2002 年	德国	法兰克福—科隆	300 km/h(设计 330 km/h)	弹性链型
2004 年		纽伦堡—英格尔斯塔特	300 km/h(设计 330 km/h)	
2003 年	韩国	汉城—釜山	300 km/h	简单链型
2004 年	西班牙	马德里—巴塞罗那	350 km/h	弹性链型
2006 年	中国台湾	台北—高雄	350 km/h	复链型
2008 年	中国京津	京津城际	350 km/h	简单链型
2009 年	中国武广	武广高铁	350 km/h	弹性链型
2010 年	中国郑西	郑西高铁	350 km/h	弹性链型

为保证接触悬挂的稳定以及受电弓与接触线磨耗均匀,接触悬挂中的接触线在直线区段被布置成"之"字形,在曲线区段布置成折线形。接触线在定位点处偏离受电弓滑板中心的距离叫拉出值。拉出值是接触网中的一个非常重要的概念,是接触网设计、施工、运营维护最为核心的一个技术参数。

接触悬挂与受电弓直接接触并传输电能,是接触网中最为重要的部分,必须具备良好的机电性能。

为了保证接触网的电气安全、提高接触网供电的灵活性,接触网中还架设有如供电线、保护线、接地线等架空电线,这些架空导线即为附加悬挂,牵引网的供电方式不同,接触网的附加悬挂也就不同。高速铁路接触网的附加悬挂(AT 供电方式)如图 4-7 所示。

图 4-7　高速铁路接触网的附加悬挂(AT 供电方式)

除此以外,接触网中还会安装防雷、接地、标识、保安等设备和设施,它们也是接触网不可缺少的重要组成部分。

第二节 高速铁路接触网的基本结构

接触网是通过支柱、软横跨、硬横跨等支撑设备和结构安设在线路上的，腕臂柱主要用于区间接触网，软横跨和硬横跨主要用于站场接触网。

一、腕臂柱装配结构

采用腕臂装配的支柱称为腕臂柱，腕臂柱可分为：中间柱、转换柱、中心柱、下锚柱、下锚过渡中间柱、定位柱、道岔柱等。中间柱的典型腕臂装配结构如图 4-8 所示。

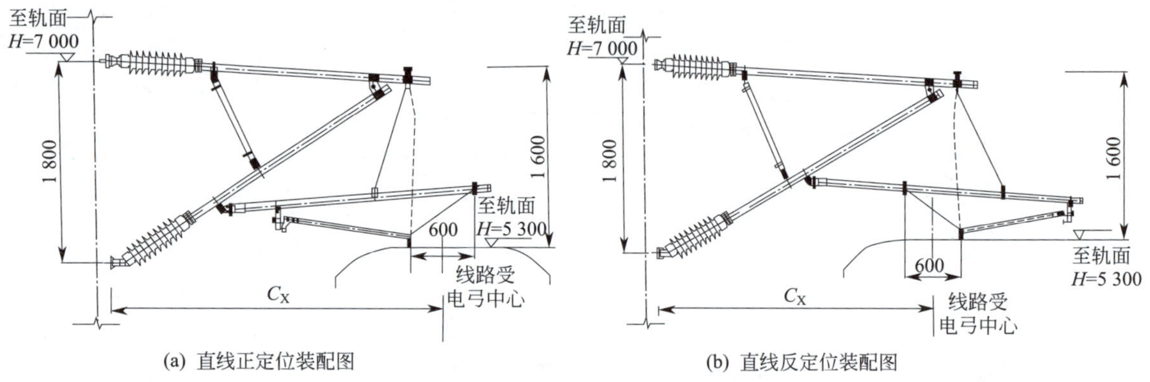

图 4-8 中间柱典型腕臂装配结构示意图

转换柱装配结构有绝缘和非绝缘之分，区别在于两组悬挂间的空气间隙和电气连接方式。在转换柱处，与受电弓直接接触的一组悬挂称为工作支，不与受电弓直接接触只使线索下锚的一组悬挂称为非工作支。

在非绝缘转换柱处，非工作支和工作支在水平面内的投影平行，相距 200 mm，非工作支位于工作支上方 300 mm 或 500 mm；在靠近下锚柱一侧，用一组电连接将两组悬挂连接起来，无隔离开关，如图 4-9 所示。

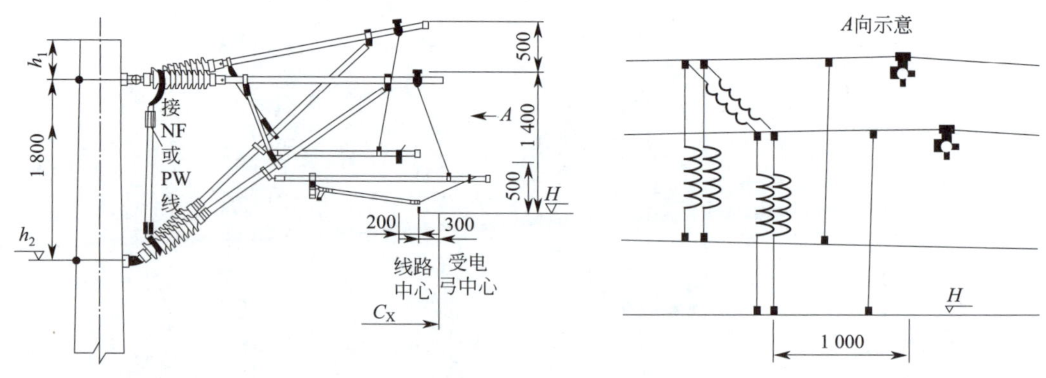

图 4-9 非绝缘转换柱装配图

在绝缘转换柱的装配结构中，工作支和非工作支在水平面内相距 450 mm；非工作支位于工作支上方 500 mm；在靠近下锚柱一侧，用一组电连接和隔离开关将两组悬挂连接起来，如图 4-10 所示。

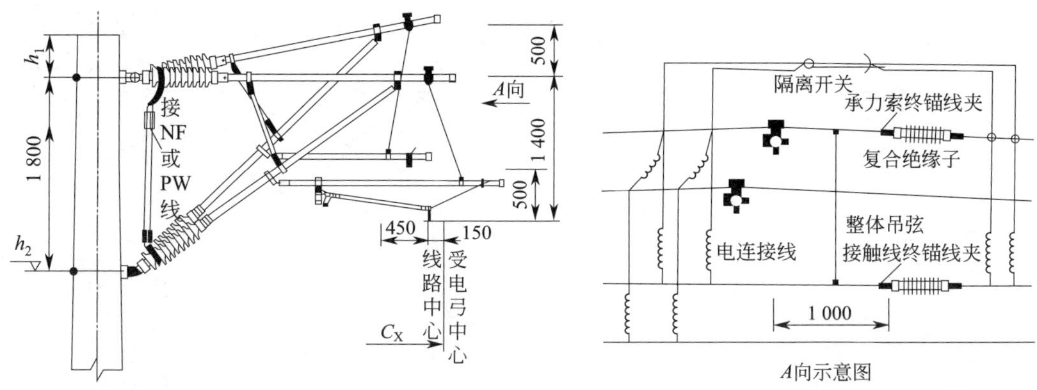

图 4-10　绝缘转换柱装配图

在四跨锚段关节中，处于两转换柱中间的支柱叫中心柱。中心柱上安装有两套支持和定位装置，完成两组接触悬挂的悬挂与定位，两组接触悬挂都是工作支。中心柱处，两定位点的连线与轨平面平行，距离满足绝缘和非绝缘的相应要求，如图 4-11 所示。

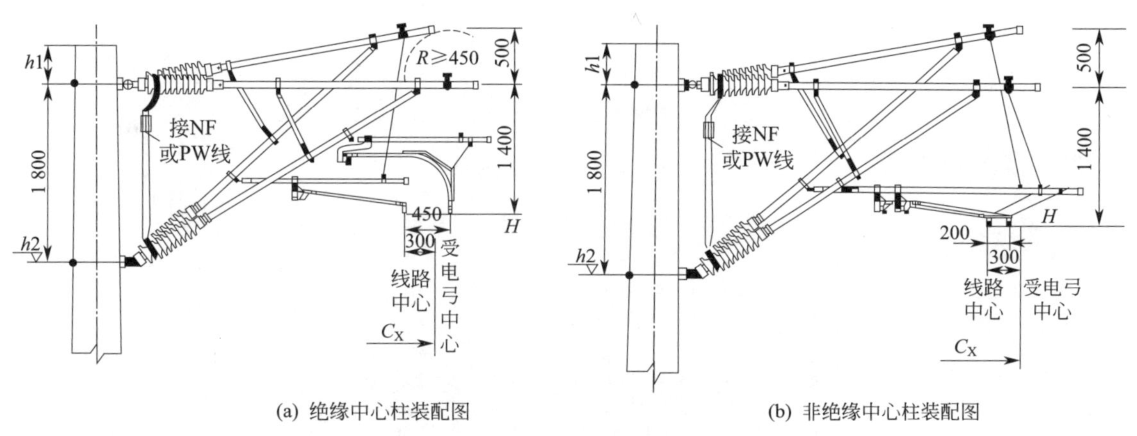

图 4-11　中心柱装配图

二、硬横跨和隧道内支撑结构

在站场或部分区段，高速铁路接触网采用硬横跨支撑结构。硬横跨柱多采用等径钢管柱或格构式钢柱；硬横梁一般采用格构式角钢横梁或无缝钢管，形状有单钢管、双钢管和三钢管三种。硬横梁总体较长，不便运输和安装，常将其分成 3～4 段，每段之间通过螺栓连接。中国高铁接触网的硬横跨结构有两种形式，如图 4-12 所示。

硬横跨柱多采用等径钢管柱或格构式钢柱；硬横梁一般采用格构式角钢横梁或无缝钢管，形状有单钢管、双钢管和三钢管三种。硬横梁总体较长，不便运输和安装，常将其分成 3～4 段，每段之间通过螺栓连接。

接触网在隧道内的支持方式较多，应用较广的支持方式如图 4-13 所示。

当列车运行速度大于 140 km/h 时，列车在隧道内形成的空气动力对建筑物有明显作用。因此，隧道内接触网的布置要考虑空气动力对接触网线索在水平和垂直方向所产生的附加振

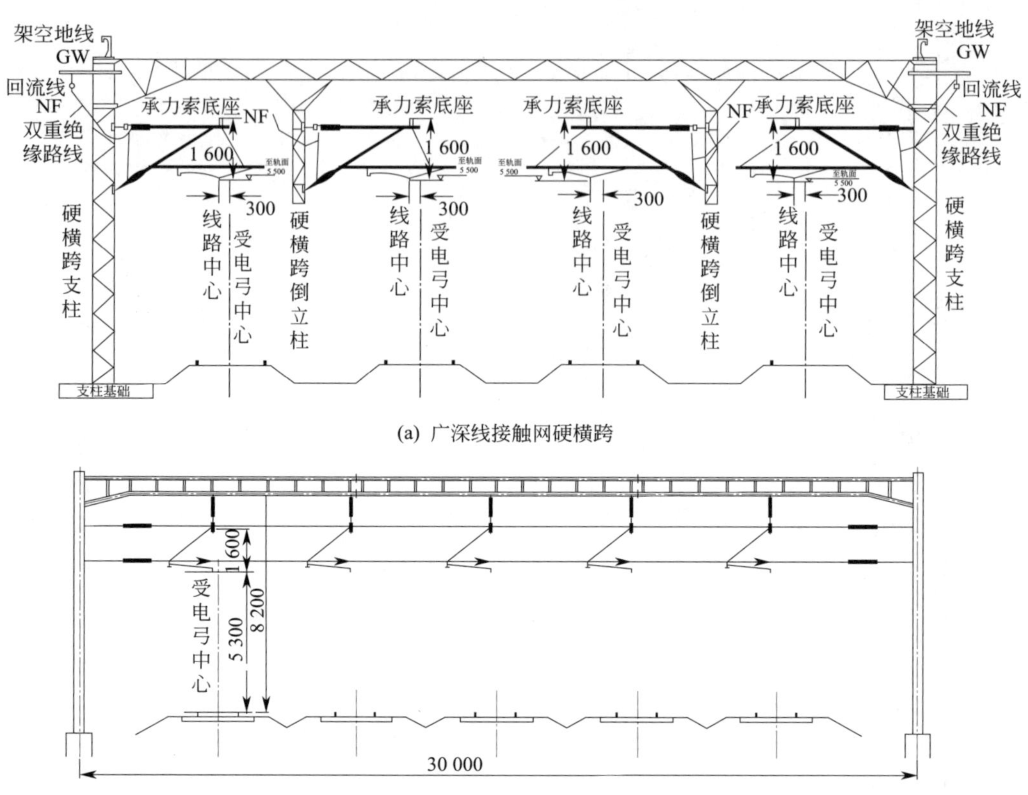

(a) 广深线接触网硬横跨

(b) 京津城际客专接触网硬横跨

图 4-12 我国接触网硬横跨结构形式

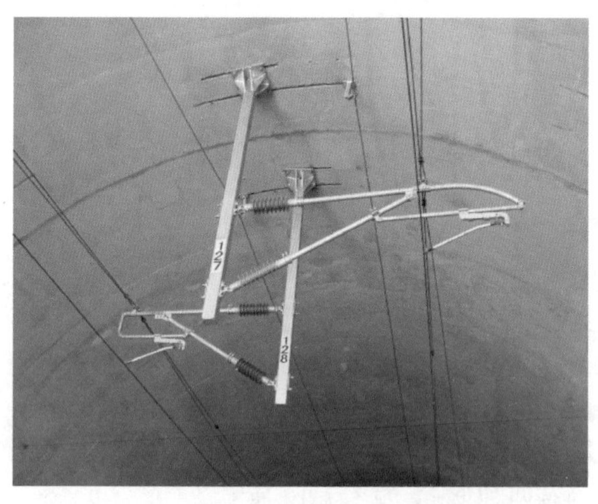

图 4-13 高速铁路接触网隧道内采用的支持方式

动以及接触网系统所需的空间尺寸(限界),空间尺寸取决于供电方式、悬挂类型、悬挂高度、安装方式和线路的海拔高度等因素。

三、跨距

沿着铁道线走下去,我们会看到若干接触网支柱,如图 4-14 所示。

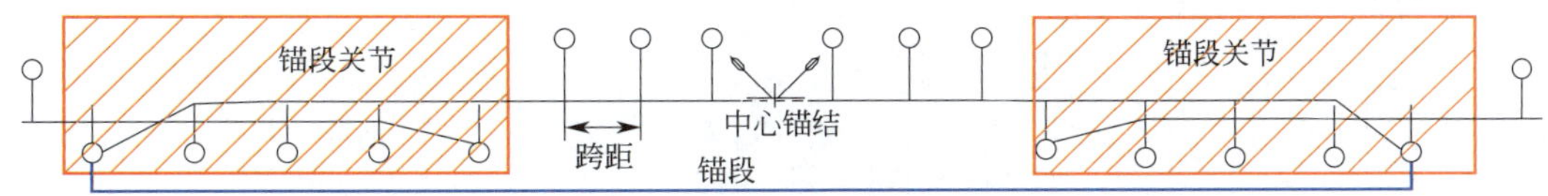

图 4-14　跨距、锚段、锚段关节、中心锚结示意图

同组接触悬挂的两相邻支柱(定位点)间的距离称为跨距,跨距是接触网的基本长度单元,跨距的大小与接触网的动态特性、工程投资和运行安全关系密切。

合理选择接触网跨距的大小是接触网设计的重要内容之一,不合理的跨距选择将影响接触网的受流质量和运营安全。

根据 TB 10621—2009《高速铁路设计规范(试行)》,高速铁路接触网的跨距宜经系统仿真评估后确定,取值可参考表 4-2。

表 4-2　高速铁路接触网跨距选用表

设计速度(km/h)		250	300	350
简单链型悬挂	标准跨距(m)	50	50	50
	最大跨距(m)	55	55	55
弹性链型悬挂	标准跨距(m)	60	60	55
	最大跨距(m)	65	65	60

四、锚段及锚段关节

接触网不可能“绵延千里不断线”,它必须按一定规律分成若干一定长度且相互独立的段落,这种段落称作锚段。锚段是接触网的基本机电单元,一个锚段包括若干个跨距。

将接触网分段主要是为了实现接触网的机械分段和电气分段,安装张力补偿装置或其他辅助电气设备,提高接触网供电灵活性,缩小事故范围,保证吊弦及定位器的偏移不超出规定值。

锚段的长度取决于接触网的实际工作环境,如最高温度、最低温度、最大风速、线路状况以及下锚处至中心锚结处的张力差、下锚形式及补偿器的有效工作范围、锚段关节内两组悬挂间的绝缘间隙允许偏差等。高速铁路接触网的锚段长度一般设置为 2×700 m。

锚段关节是指锚段与锚段之间的衔接部分。

高速铁路接触网常用的锚段关节形式有四跨非绝缘锚段关节、四跨绝缘锚段关节、五跨非绝缘锚段关节、五跨绝缘锚段关节。

非绝缘锚段关节从电气上不能将两个锚段分开,仅起机械分段的作用,组成锚段关节的两组悬挂彼此间通过电连接直接从电气上连通,空气间隙较小。绝缘锚段关节既起机械分段的作用,也起电气分段的作用,组成锚段关节的两组悬挂彼此间通过隔离开关实现电气通断,空气绝缘间隙应满足高速接触网电气绝缘要求。

高速铁路接触网五跨绝缘锚段关节如图 4-15 所示。

五、下锚装置

接触网每个锚段都需要固定,称为下锚;下锚有硬锚和补偿装置下锚两种形式。高速铁路

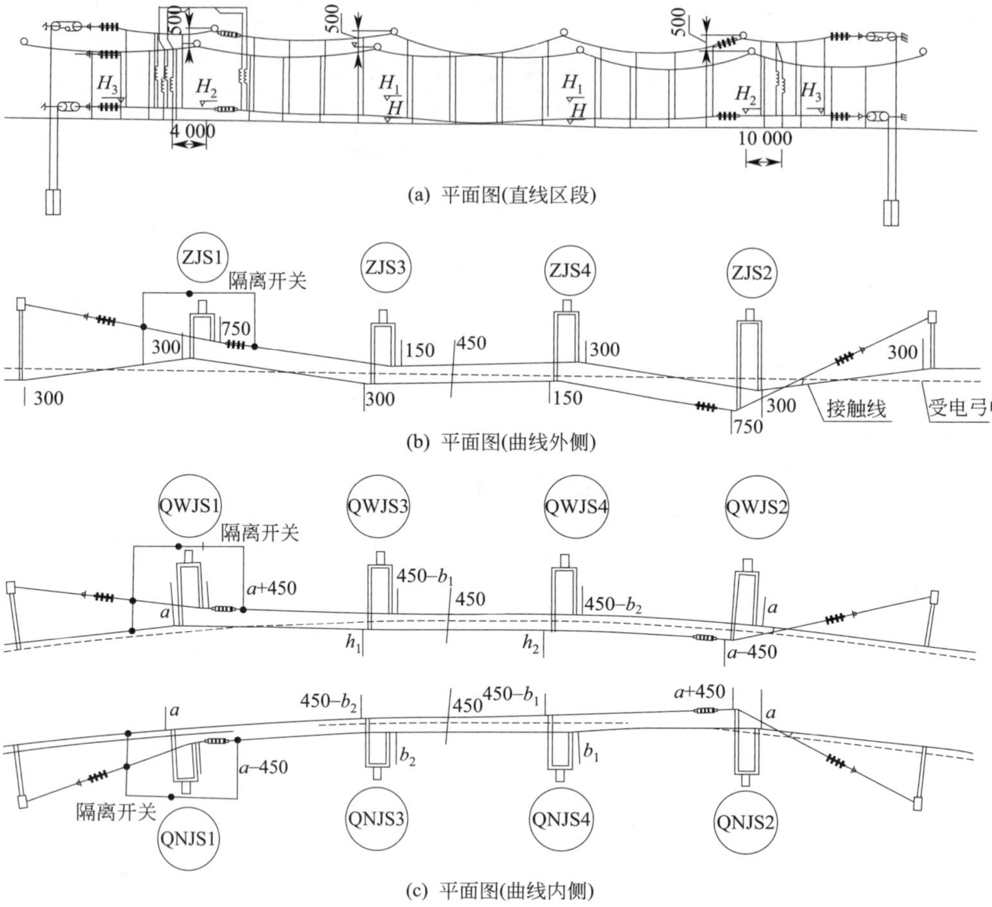

(a) 平面图(直线区段)

(b) 平面图(曲线外侧)

(c) 平面图(曲线内侧)

图 4-15 五跨绝缘锚段关节平面布置示意图

接触网采用的是张力补偿装置下锚方式，承力索和接触网均通过补偿装置下锚，称为全补偿。

张力补偿装置有滑轮、棘轮、鼓轮、弹簧等多种形式。

滑轮补偿装置如图 4-16 所示，由补偿滑轮组、不锈钢补偿绳、补偿坠砣串、坠砣杆及其连接零件组成。

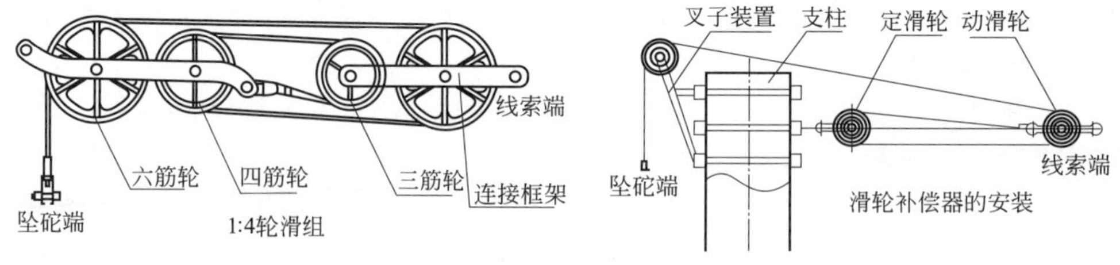

图 4-16 接触网滑轮补偿装置示意图

棘轮补偿装置由棘轮（图 4-17）、棘轮底座、棘轮连接架、补偿绳、平衡轮及双耳楔形线夹等组成，如图 4-18 所示。

补偿下锚可调节和控制因温度变化引起的线索张力和弛度变化，使张力和弛度保持在一定技术范围内，提高接触网的机械稳定性。在高速铁路接触网中，为提高接触网（主要是接触线）的波动速度，承力索和接触线均加有较大的补偿张力。

(a) 承力索棘轮

(b) 接触线伞齿状棘轮

图 4-17　高速铁路接触网系统中的棘轮

图 4-18　高速铁路接触网中的棘轮补偿装置

六、中心锚结

由于气温、风雪、线路坡道、受电弓等的作用，接触悬挂存在来回窜动的可能。当承力索或接触线断线时，补偿装置的作用将使整锚段悬挂受到影响，严重时甚至造成塌网。为防止发生以上事故、缩小事故范围、减少温度变化引起的线索张力差、增加悬挂弹性均匀性，应在锚段中部适当位置设置中心锚结。

高速接触网的中心锚结形式如图 4-19 所示。

中心锚结的位置取决于线路条件，应尽量使中心锚结两侧半锚段产生的张力差相等，具体位置应通过张力差计算确定。

为使锚固中心锚结绳的支柱保持受力平衡，锚固中心锚结绳的支柱应打斜拉线，斜拉线与水平面的角度在 45°～60°之间，斜拉线与中心锚结辅助绳应在一个垂直面内。

七、接触网线岔

在线路道岔区，列车会从一股道过渡到另一股道，与其对应，在道岔区上空，必须采取一定技术手段确保受电弓从一组悬挂平稳安全的过渡到另一组悬挂，完成这一功能的接触网结构就是接触网线岔，接触网线岔分为交叉和无交叉两大类。

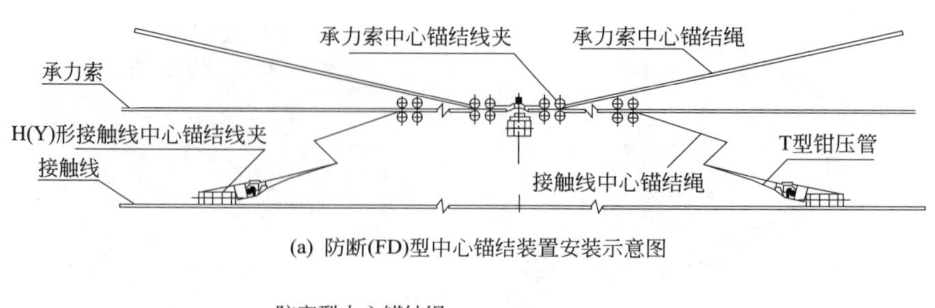

(a) 防断(FD)型中心锚结装置安装示意图

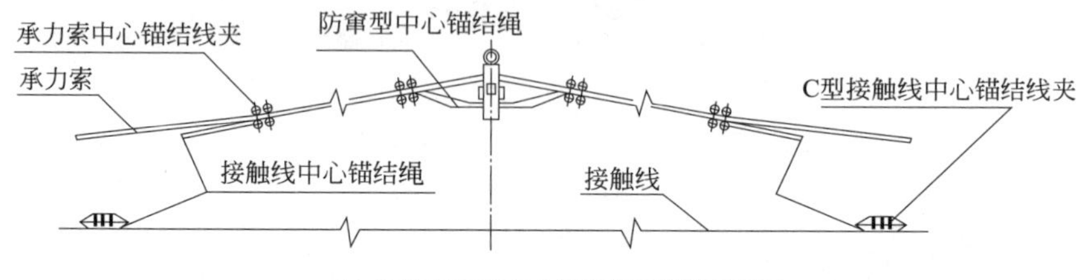

(b) 防窜(FC)型中心锚结装置安装示意图

图 4-19　防断和防断型两跨式中心锚结

交叉线岔由两根交叉接触线、一根限制导杆及定位线夹等零件组成,限制导杆是一根长 1 700～2 500 mm 的铝合金管或纯铜管,两端通过定位线夹或固定线夹安装在下位接触线上,将两支独立的接触线约束在一起,使两接触线在受电弓抬升力作用下能同步升降,保证受电弓从不同线路方向顺利通过线岔,如图 4-20 所示。限制导杆的长度取决于道岔号的大小和线岔距中心锚结的距离,道岔号越大,两接触线的夹角越小,限位管的长度越长;线岔越远离中心锚结,接触线的移动范围越大,限位管的长度越长。

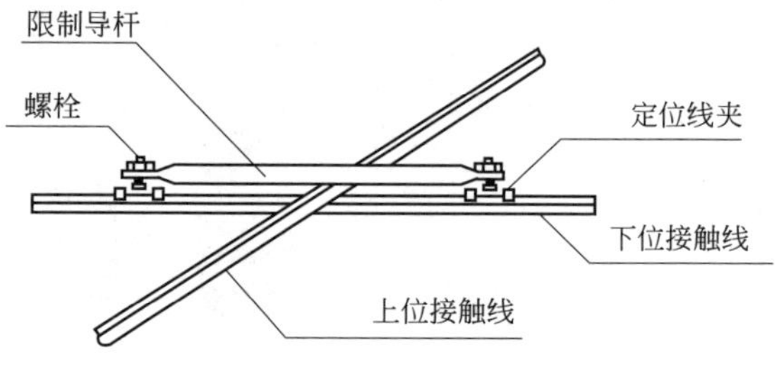

图 4-20　交叉线岔示意图

限制导杆与上位接触线间应有 1～3 mm 间隙,以便上位接触线能随温度变化而自由移动;两支接触线的上下位置是依据线路情况和线岔距中心锚结的远近确定的。当正线接触悬挂与侧线接触悬挂相交时,正线接触线在下位,侧线接触线在上位;当两侧线接触悬挂相交时,距下锚装置近的一组悬挂在上方,距下锚装置远的一组悬挂位于下方。

交叉线岔的侧线接触悬挂要影响正线高速行车,为改善受电弓高速过岔的受流环境,使侧线接触悬挂不影响正线受电弓高速过岔,高速铁路接触网中大量采用无交叉线岔。

无交叉线岔有两组悬挂无交叉和三组悬挂无交叉两种结构形式。两组悬挂无交叉线岔平面布置原理如图 4-21 所示。两组悬挂无交叉线岔和三组悬挂无交叉线岔如图 4-22 和图4-23 所示。

布置无交分线岔时应遵守以下基本原则:

①侧线接触悬挂应尽量远离正线,使正线受电弓能在最大抬升及最大摆动的情况下高速、安全滑过正线接触线,而不碰触侧线接触线。

②正线接触悬挂应尽量向侧线靠近,使受电弓能在正线接触线与侧线接触线间安全平稳转换。

③侧线接触悬挂立面按一定坡度布置。站线非工作支接触线应尽量抬高,工作支接触线

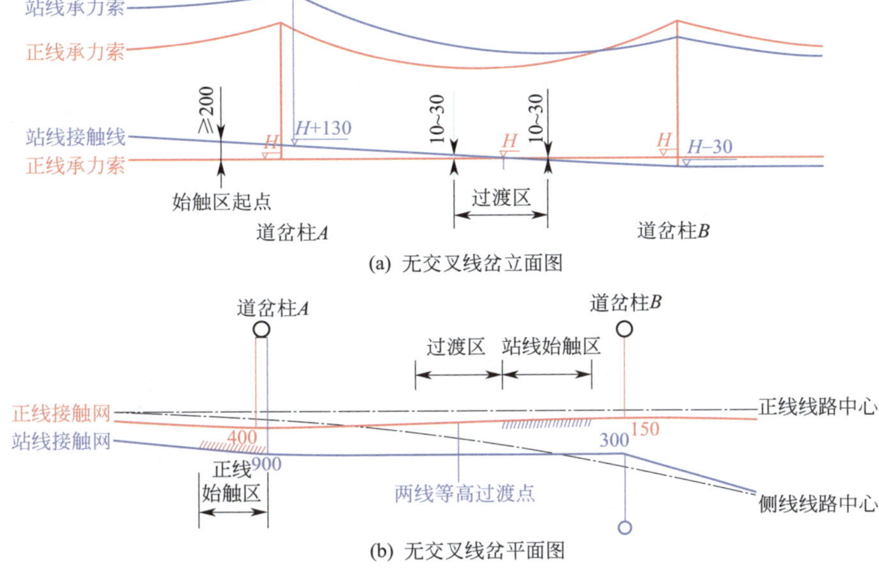

图 4-21　两组悬挂无交叉线岔示意图(合宁线)

图 4-22　两组悬挂无交叉线岔现场图片(京沪线)

图 4-23　三组悬挂无交叉线岔现场图片(石太线)

(特别是始触区至过渡点)应适当降低,以保证正线受电弓顺利通过及侧线受电弓在正线、侧线间顺利过渡转换。

始触区和接触线无线夹区是线岔部位接触网的两个重要技术概念,受电弓始触区如图 4-24 中阴影部分所示。在始触区及其附近,处于受电弓动态包络线以内的接触线均不能安装任何线夹,这就是接触线无线夹区;但在高速接触网中,由于道岔夹角均较小,造成两支接触线夹角也很小,始触区较长,使两悬挂同步抬升的交叉吊弦很难迈出始触区,因此,无线夹区的线夹不包括吊弦线夹。

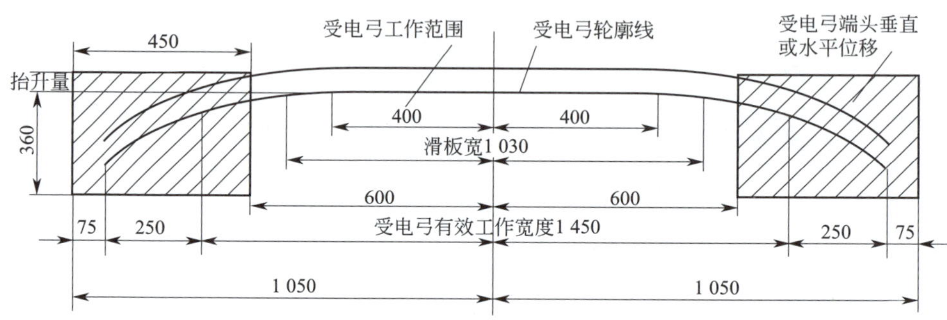

图 4-24　受电弓的始触区示意图

第三节　高速铁路接触网系统的主要电气设备

接触网系统的主要电气设备包括:接触线、电分相、电分段、绝缘子以及开关设备等。

一、接触网线索

1. 接触线

接触线是一根两侧带燕尾槽的铜或铜合金圆棒,两侧的燕尾槽是为安装定位线夹和吊弦线夹设计的,如图 4-25 所示。

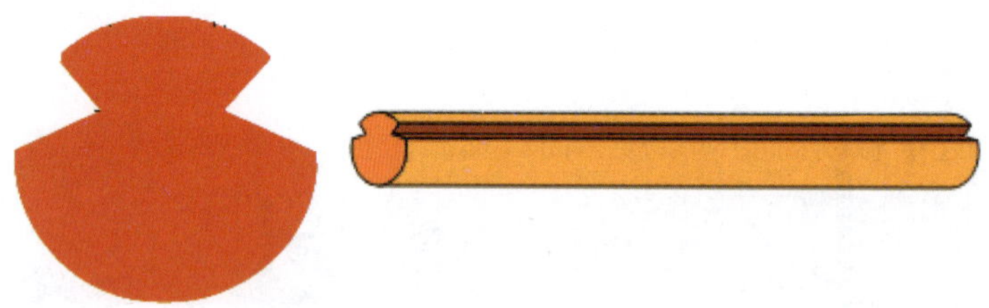

图 4-25　接触线形状及其横断面结构图

高速铁路接触网中的接触线,需要承载高达 1 000 A 以上的牵引电流和 2～3 t 的机械张力,并且当接触线温度达到一定值时,其抗拉强度还会降低。研究表明,在 120～140 ℃,张力 10 kN 情况下,接触线抗拉强度不会突变,此时损坏接触线的主要机理是过度磨耗处或有缺陷处的塑性变形和低温材料蠕变;在温度 100～140 ℃,张力 13～15 kN 情况下,电解铜的微结构开始变化,但变化不明显;在电流出入导线处、接触线可发生极度的微结构变化,接触线的再结晶区降低了它的抗拉强度,并可发生塑性变形的累积。对接触线造成累积伤害的是塑性变形,它是由于装有缺陷的连接组件处及温度超过 180 ℃处的应力超出弹性极限所造成的。设计和运营工作必须考虑这些影响，确保接触网线索，特别是接触线的工作安全。

高温软化特性是指接触线抗拉强度与温度之间的关系，在电流和环境辐射热的作下，接触线温度升高，当温度升到了一定数值(纯铜线为 150 ℃)后，接触线的抗拉能力急剧下降，即使在额定张力作用下也会存在断线的可能，如图 4-26 所示。

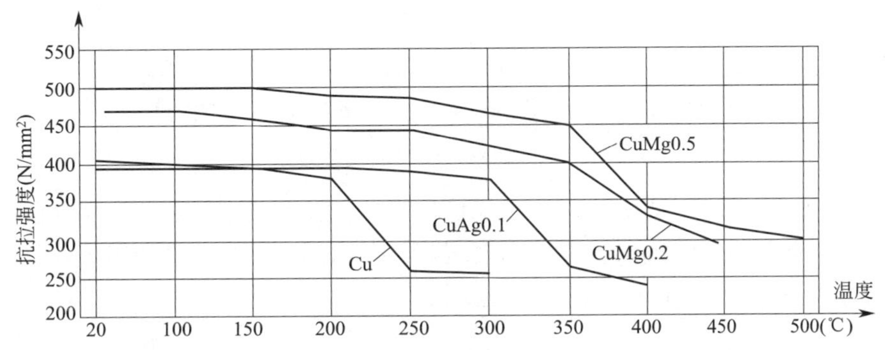

图 4-26　高速铁路接触网常用接触线的高温—强度特性曲线

在高速接触网中，接触线高度和坡度受到严格控制，接触线标称高度是指定位点处接触线工作面至轨平面的垂直距离，简称导高。导高是弓网耦合的重要几何参数之一，取决于受电弓的安装高度、有效工作范围、动态最大抬升量，运输货物限界，隧道及建筑物限界，最小绝缘间隙等。

中国双层集装箱客运专线的接触线最高高度应不大于 6 450 mm，最低高度应不小于 6 330 mm；普通线路的接触线最高高度应不大于 6 450 mm，最低高度应不小于 5 700 mm，困难情况(带电通过 5 300 mm 超限货物)不小于 5 650 mm；高速客运专线的接触线高度一般取为 5 300 mm，接触线最低点高度为 5 150 mm。导高允许偏差±30 mm。

接触线坡度是指两相邻定位点的接触线高差与该两定位点间的距离(跨距)的比值，一般用‰来表示。接触线坡度及其变化率是影响受电弓高速运行的重要因素之一，速度越高，接触线坡度及其变化率就应越小。

列车通过铁路轨道变坡点时，将产生不利于列车运行的车辆振动和局部加速度，因此，轨道纵断面上的变坡点处不允许形成折线，而应采用竖曲线。与轮轨关系类似，接触线的高度发生变化时，变坡点处接触线高度应以缓和曲线形式过渡，即接触线的坡度变化值受到限制，设计时速 300 km 以上接触网的接触线的坡度理论值为 0。困难情况下，坡度变化值不得大于 0.5‰。

2. 承力索

承力索通过吊弦将接触线的垂直负载传递到腕臂和支柱上，载流承力索还兼有与接触线并联供电，降低牵引网阻抗的功能。因此，承力索应具有良好的机械性能和防腐性能，载流承力索还应具有良好的导电性能。承力索的型号由设计补偿张力、是否载流、绞线材质和抗拉强度等技术条件确定。

承力索由多股金属绞线承担，主要有铜绞线、铜合金绞线(断面如图 4-27 所示)、热镀锌钢绞线、铝包钢绞线、铝芯钢绞线等。

承力索在使用过程中不得出现断股。对于载流承力索，当其磨损或损伤后不能满足该线通过的最大电流时，若系局部磨损或损伤可加电气补强线；若系普遍性磨损或损伤则应全部换

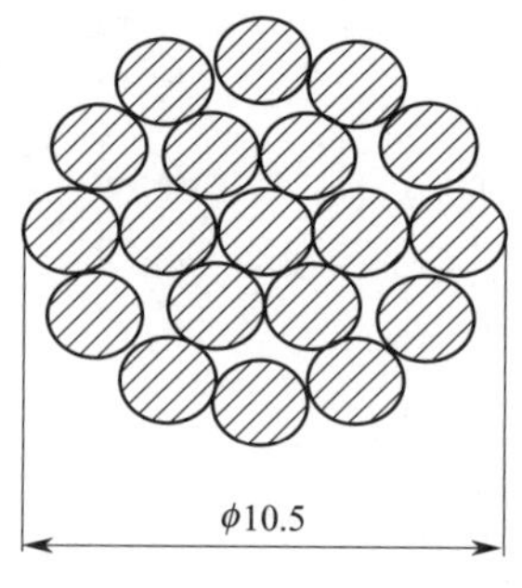

(a) JTM-70铜镁合金绞线(19股)

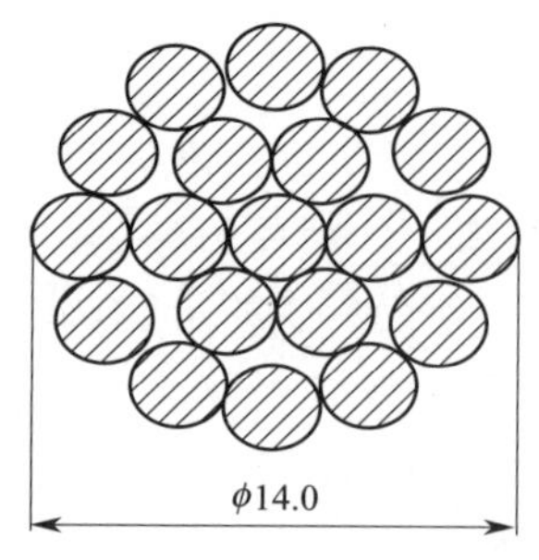

(b) JTM-120铜镁合金绞线(19股)

图 4-27　铜承力索横断面示意图

新。当承力索出现局部磨损或损伤不能满足机械强度安全时，应增加补强线或切除损伤部分重新接续。对于钢芯铝绞线或铝包钢承力索，若出现钢芯断股，则必须切断重新接续。在同一个锚段内，承力索接头不宜超出两个。

3. 吊弦

吊弦是接触悬挂的重要部件，由承力索吊弦线夹、吊弦线、接触线吊弦线夹等零部件组成。吊弦将接触线吊挂在承力索上，调节接触线的弛度和高度，改善接触悬挂弹性。载流吊弦还是载流承力索和接触线的电气并联线。高速铁路接触网中主要采用整体吊弦，如图 4-28 所示。

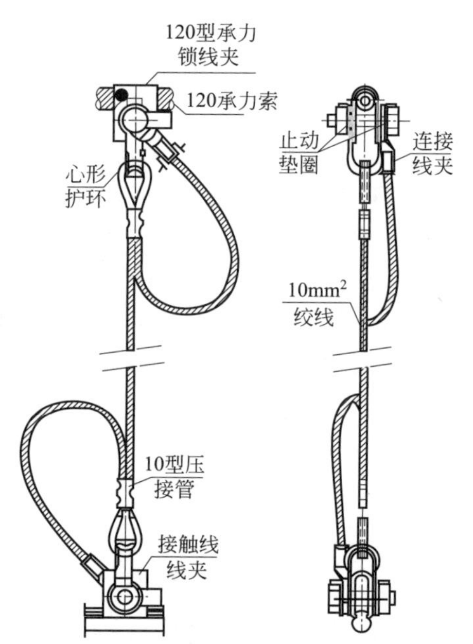

图 4-28　整体吊弦示意图

由接触线吊弦线夹、承力索吊弦线夹、心形环、压接管、吊弦绞线组成，吊弦绞线一般采用 10 mm^2、12 mm^2、16 mm^2、25 mm^2 和 35 mm^2 铜合金软绞线或不锈钢软绞线。高速铁路接触网对接触线的弛度、高度和坡度要求严格，不允许随意调整吊弦长度，吊弦长度是由专门计算软件计算确定的，误差应控制在±2 mm 以内。吊弦的安装姿态对高速集流质量有较大影响。平均温度时，吊弦应垂直于承力索和接触线；极限温度条件下，吊弦顺线路方向的倾斜度不得大于 18°，相邻吊弦点的导线高度之差应小于 10 mm。

在弹性链型悬挂中，定位点处采用如图 4-29 所示的悬挂结构，弹性吊索一般采用横截面为 35 mm^2 的铜合金绞线，两端以 3～4 kN 的张力与承力索相连。

4. 附加导线

牵引供电系统的供电方式不同，接触网附加导线也不同，高速电气化铁路牵引供电系统常用供电方式主要有 AT 供电和直供加回流线两种供电方式，这两种供电方式的附加导线有：供电线(F 线)、回流线(NF 线)、吸上线、负馈(AF)线、保护(PW)线、架空地线、架空避雷线等。附加导线大多采用铝绞线、钢芯铝绞线和铜绞线。

(1)供电线(F 线)

供电线又称为馈电线，是变电所、分区亭、开闭所与接触网之间的电气连接线，供电线安设在变电所或开闭所馈线出口至接触网电分相两侧。

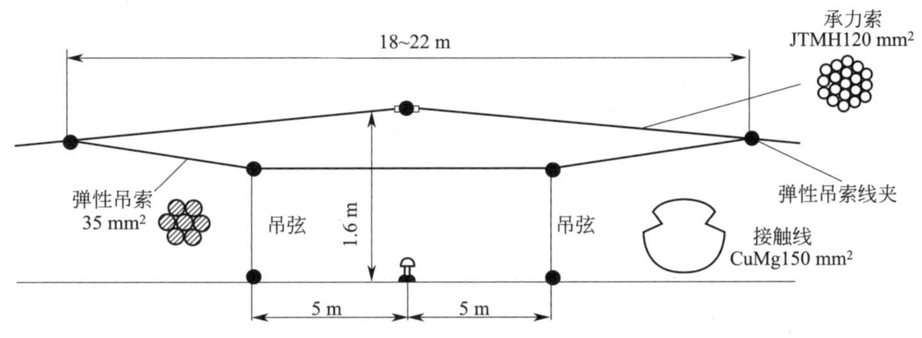

图 4-29　弹性吊索和弹性吊弦示意图

(2)回流线(NF 线)

在带回流线的直接供电方式(即 1×25 kV 供电方式)中,与接触网同杆异侧架设的一条起回流作用的金属导线称作回流线。在变电所附近,连接钢轨和变电所接地网,将牵引电流引回变电所的导线也称作回流线。回流线的电压等级按 1～3 kV 考虑,一般采用 120 mm^2、185 mm^2、240 mm^2 钢芯铝绞线。

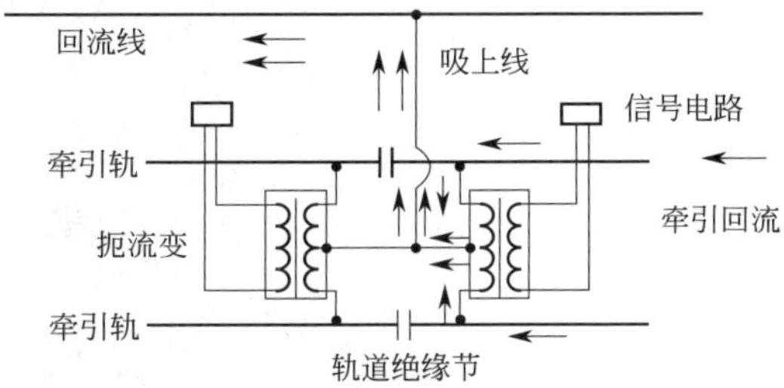

图 4-30　吸上线与扼流变压器中性点的连接

(3)吸上线

在带回流线的直接供电方式中,连接扼流变压器或空心线圈中间端子和回流线的电缆称作吸上线,如图 4-30 所示。吸上线中流过的是牵引回流,一般采用铜芯或铝芯电缆。变电所和分区亭附近,吸上线的截面应比其他地点的吸上线的截面大些。一般而言,吸上线是不能直接与钢轨连接的,应根据铁路信号的要求,采取不同的连接方式。

(4)AF 线

在 AT 供电方式中,有一条对地电压为 27.5 kV,与接触悬挂电压差 55 kV,与接触悬挂同杆异侧的架空导线,该导线称为负馈(AF)线,一般采用 185 mm^2、240 mm^2、300 mm^2 钢芯铝绞线。

(5)保护线(PW 线)

在 AT 供电方式中,与绝缘子的双重绝缘跳线和腕臂底座、支柱等支持设备和零部件相连,起保护作用的一条架空导线称作保护线(PW 线)。保护线经双重绝缘跳线与绝缘子的接地端相连,在 AT 所经 CPW 线连接至自耦变压器中点。当绝缘子发生闪络或击穿时,保护线为短路电流提供一个良好的电气通路,使变电所继电保护装置迅速动作,达到及时排除故障的目的。

PW 线每隔 1 200～1 500 m(根据各区段短路电流和轨道结构等计算)上下行采用铜缆并联一次,通过 70 mm^2 铜缆连接至扼流变中性点,并经中性点接入综合接地。

正常情况下,保护线的电压一般为 200～300 V,发生短路故障时电压可达 3 000 V 左右,因此,PW 线的电压等级按 1～3 kV 考虑。一般采用 70 mm^2、95 mm^2、120 mm^2 钢芯铝绞线。

(6)保护线用接轨线(CPW 线)

连接保护线、钢轨和 AT 所自耦变压器中性点的导线称作保护线用接轨线(CPW 线)。

CPW 线一般采用铜芯或铝芯电缆，变电所和分区亭附近的 CPW 线要流过牵引电流，截面应较其他地点的大些。

附加导线的各类肩架底座在 H 形钢柱上一般采用预留孔内安装方式，在钢管柱上一般采用抱箍安装方式。负馈线、供电线悬挂采用悬垂线夹固定方式（含橡胶衬垫和保护条）（图 4-31），回流线、保护线悬挂采用紧贴支柱的线夹固定方式（加设保护条）。各类附加导线下锚均采用预绞丝终端锚固线夹，以减少人的因素造成的故障隐患。在电连接线与钢芯铝绞线并沟连接后的绑扎范围内，采用 0.8～1 mm 厚的铜铝复合板将 TRJ 电连接线完全包裹后（复合板的铜材侧与电连接线接触），再进行绑扎，铜铝复合板的包裹范围应以绑扎后电连接线与钢芯铝绞线表面相互不接触为准。

图 4-31 负馈线（AF 线）悬垂线夹固定方式（含橡胶衬垫和保护条）

5. 电缆上网方式

桥梁区段采用电缆方式；路基区段采用明线方式；供电线和负馈线按贯通设计，上网处绝缘分段；路基区段 AT 所上网开关设于所内，接触网上不再设置开关；其余工点接触网开关均设在网上；牵引变电所开关用电缆在钢柱上固定及接地安装（图 4-32）。

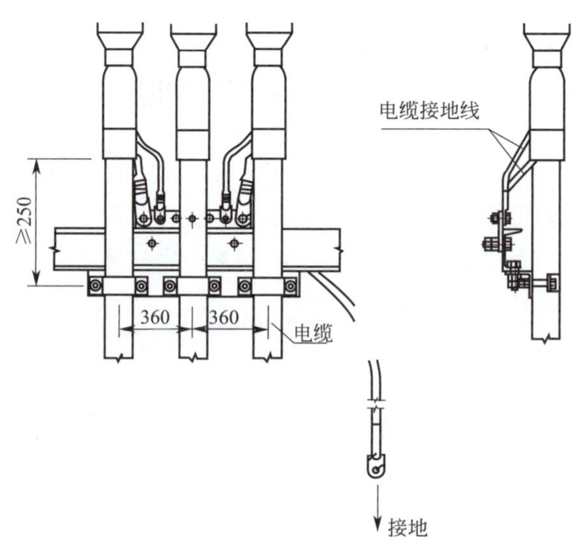

图 4-32 牵引变电所开关用电缆在钢柱上固定及接地安装

二、接触网的电分段与电连接

为增加接触网供电灵活性和安全性，缩小停电事故范围，满足供电、检修以及其他特殊需要，对同相接触网进行的电气绝缘分段称作接触网电分段。

电分段的形式有空气式(绝缘锚段关节)和器件式(分段绝缘器、绝缘子)。器件式电分段一般用于空间有限或不便设绝缘关节的地点，如机车检修库、站场货物装卸线、上下行正线间。

电分段的类型有纵向和横向之分，顺线路方向进行的电分段为纵向电分段，如区间接触网和站场接触网之间的电分段；站场各股道接触悬挂间进行的电分段为横向电分段，如站场上下行接触网之间的电分段。

电分段的设置涉及变电所(分区亭)馈线分布、接触网运营检修的安全性和灵活性、站内及相应地段的作业安全，应根据车站或站场的分布、变电所(分区亭)馈线的分布、接触网检修作业需求、上下行线路行车供电方式、机车行车进路等有关信息进行反复推敲，得出最优方案。在地形环境和线路复杂、车站场较多、电分段复杂区域，应特别注意接触网电分段的独立性和可操作性。

分段绝缘器(图 4-33) 是接触网常用的电气分段设备，安装于车站货物线及有装卸作业的站线、机车整备线、车库线、专用线、同一车站不同车场之间的横向电分段等处。

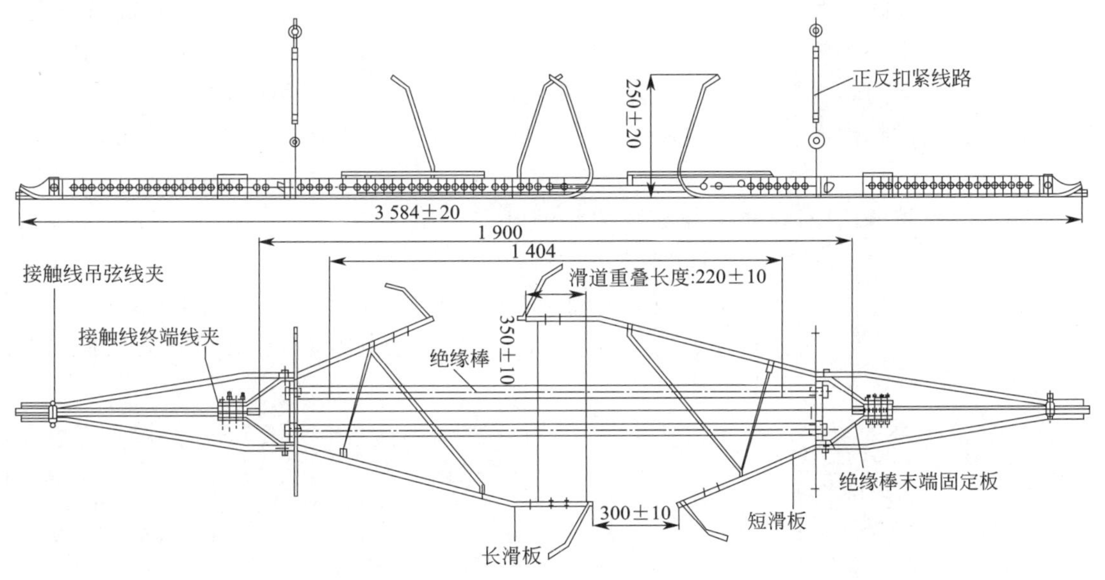

图 4-33　高速铁路接触网用(HS 25-14000 型)分段绝缘器结构示意图

正常工作情况下，分段绝缘器两端通过高压隔离开关和电连接处于等电位，受电弓通过分段绝缘器时，滑板从绝缘板和导流板下高速滑过，为防止受电弓滑板在两导流板间转换时拉弧，两导流板在空间上是重叠的，而且特设防闪络放电间隙。检修作业情况下，分段绝缘器处的隔离处于断开状态，分段绝缘器一端的接触网处于 25 kV 高压状态，另一端接触网处于无电状态且接地，对地电位为零，为检修或其他作业提供一个无电区，分段绝缘器两导流板间的空气间隙和绝缘元件承受接触网对地电压。此时，分段绝缘器所在股道处于闭塞状态，绝对禁止电气列车闯入该股道，否则将造成接触网短路事故，甚至人身伤亡事故。

分段绝缘器安装处是接触网的薄弱点之一，主要问题有抬高量不合理、工作面与轨面不平行、绝缘元件老化、连接螺栓松动、接触线与分段绝缘器连接头之间的连接不平贴等，其后果是分段绝缘器所在处的接触线出现异常磨耗、受电弓通过时产生电弧、受电弓振动明显或打弓等。

隔离开关是接触网中应用最多和最为重要的开关设备，主要安设在大型建筑物两端、车站装卸线、专用线、电力机车库线、机车整备线、绝缘锚段关节、分段绝缘器等电分段处或设备安装处。双极隔离开关如图4-34 所示。

图 4-34 高速铁路接触网上的双极隔离开关

隔离开关通常与电连接配合实现接触网各供电分段之间的断合，增加供电灵活性，满足检修和供电需要。其主要作用是隔离电源、倒换母线、分合电压互感器和避雷器、分合 35 kV 长 10 km 以内以及 10 kV 长 5 km 以内的空载线路，在接触网中形成明显断点。

为导通电流、消除接触悬挂之间的电位差、降低牵引网阻抗，在锚段关节、线岔、馈线上网点、电气设备(隔离开关、避雷器)安装点、载流截面积突变点均需安装电连接。

电连接由电连接线和电连接线夹组成。电连接线一般采用 95～150 mm² 的软铜绞线，其允许通过电流不得小于被连接接触悬挂和供电线的额定载流量，且不得有接头。为使电连接线适应接触线和承力索因温度变化引起的伸缩，不在电连接线和接触线连接处形成明显的集中质量影响接触悬挂弹性，电连接线通常做双 S 形状或是双 C 形状。锚段关节处的电连接如图 4-35 所示。

在高速铁路接触网中，在非绝缘锚段关节的开口和闭口处各设 2 组 120 mm² 关节电连接。一般中小车站(4、5、6 股道)不设股道电连接，大型车站结合实际需要设股道电连接，正线横向电连接一般采用 120 mm²、侧线横向电连接一般采用 95 mm²。仅在有加强线的第一 AT 段设置接触线与承力索、承力索与加强线间的横向电连接。供电线与接触悬挂间的横向电连接如图 4-36 所示。

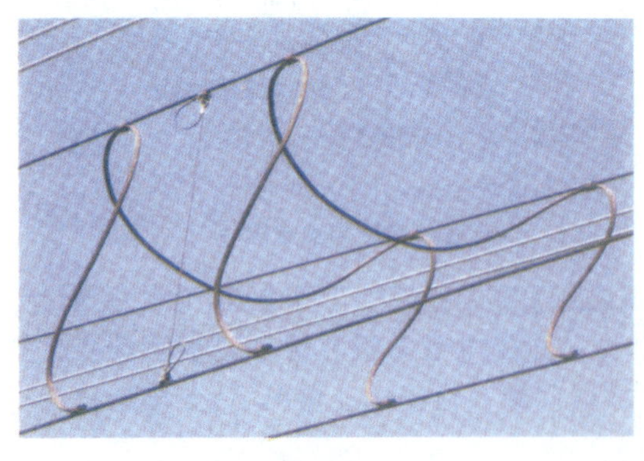

图 4-35 锚段关节处的电连接

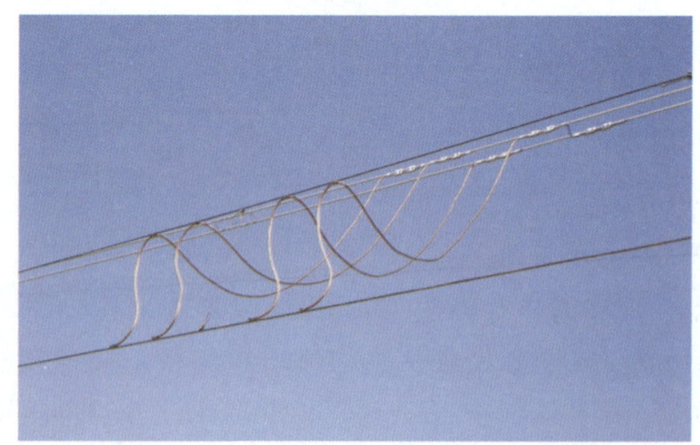

图 4-36 供电线与接触悬挂间的横向电连接

三、接触网的电分相

中国电气化铁路采用工频 25 kV 的单相交流电，对于三相电力系统而言，电力牵引负荷是单相大功率负荷，为从宏观上平衡三相电力负荷，各牵引变电所需轮换相序向接触网供电，因此，接触网上有三相交流电存在，就必须采取分相措施。

高速铁路接触网均采用带中性段的锚段关节式电分相，在实际工程中有多种结构形式，一般由位于两相接触网之间的一个中性锚段（俗称小锚段）和带电的两相接触网组成两个绝缘锚段关节，通过受电弓在锚段关节和中性段上的转换实现换相。六跨绝缘锚段关节式电分相结构示意图如图4-37所示。

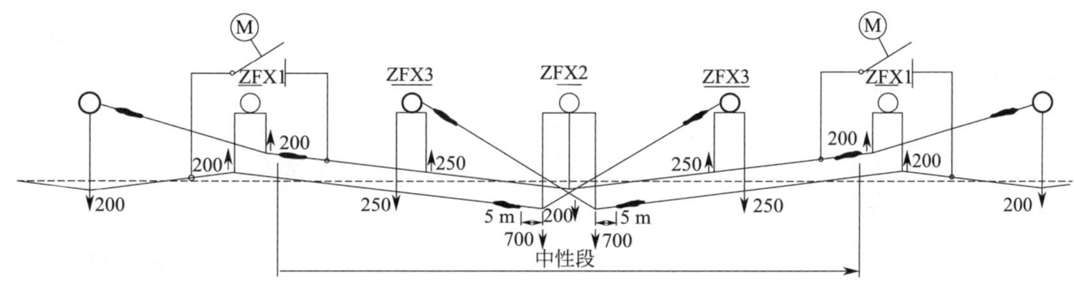

图4-37　六跨关节式电分相平面布置示意图

六跨电分相绝缘关节处共设2台单极电动隔离开关并纳入远动系统，以防止动车组误停在无电区内无法起动，分相关节须距车站最外信号机300 m以外。

对于ZFX1柱：若最外两转换柱间距离不大于200 m，按绝缘关节转换柱安装图安装分段绝缘子；若该距离大于200 m，分段绝缘子位置应远离转换柱，确保中性段长度不大于196 m，且分段绝缘子下裙边最低点距工作支接触线高差不小于300 mm；对于ZFX2柱：应保证非工作支分段绝缘子处带电侧距另一非工作支水平距离不小于500 mm；应保证非工作支绝缘子下裙边最低点距工作支接触线高差不小于300 mm；满足上述前提下，绝缘子安装位置一般位于第一吊弦以外距悬挂点距离约6～8 m。

中性段长度由列车编组情况，如动力集中或动力分散、升弓数量、受电弓间距、受电弓之间的电气连接情况以及最高运行速度等因素确定。当列车采用多弓运行时，若各弓间用高压母线连接，则两最远端受电弓之间的距离应小于电分相无电区的长度 D_1，如图4-38(a)所示；若各弓间无高压母线连接，则任意两弓之间的距离应小于无电区长度 D_1 或大于中性段长度 D_2，如图4-38(b)所示。

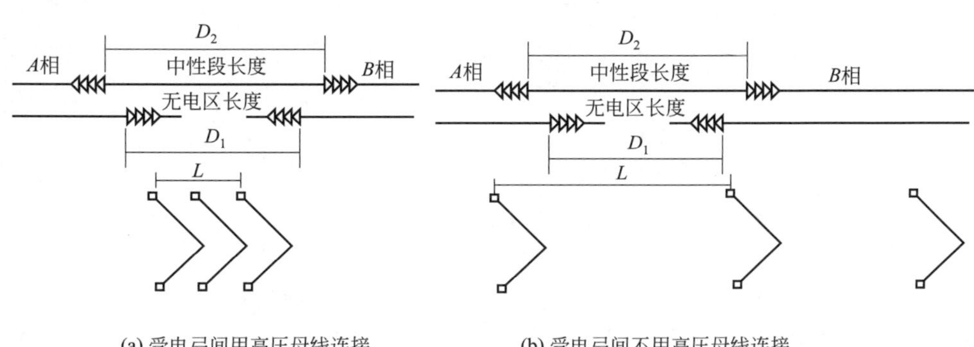

(a) 受电弓间用高压母线连接　　(b) 受电弓间不用高压母线连接

图4-38　D_1、D_2、L 关系示意图

对于高速铁路，高速列车每秒运行达80～100m，几分钟就会通过一个接触网电分相区，靠

司机手动操作过电分相区不仅存在严重的安全问题，而且司机的精神压力也是常人不可想象的，稍有不慎就会引起大电弧，烧伤接触网，甚至引起接触网相间短路，造成重大事故。因此，高速铁路接触网必须要采用列车自动过分相技术。

四、接触网的绝缘

接触网属于高电压设备，带电体之间、带电体与非带电体之间必须做好电气绝缘处理，保证人员和设备安全。绝缘配合必须考虑线路或设备的电压等级以及使用环境及运行条件。因为腐蚀性气体、湿气、导电性粉尘、日光（紫外线）、强电场等因素均会使绝缘材料的绝缘性能降低甚至破坏。

在考虑牵引供电系统的绝缘配合时，应当在过电压损坏绝缘不可避免时，因势利导，将损坏引导、限制在损害最小且对运行扰乱最小的元件或部位；同时合理提高整体绝缘强度，利用避雷器等设施限制过电压值。

过电压分为内部过电压（包括操作过电压等）和大气（雷电）过电压两类。内部过电压通常按额定电压的倍数计算。对于3～60 kV级电力系统，内部过电压按4倍额定电压计算。大气过电压造成的感应过电压可达500 kV，直击雷造成的过电压还要高。显然，对电气化铁路牵引供电系统来说，把大气过电压限制到比内部过电压还低的程度是不经济的。因此，接触网的绝缘主要由大气过电压决定。

对于接触网，绝缘配合应做到在任何运行条件下，导线及其他带电金具和接地部分之间空气间隙的绝缘强度不小于接触网绝缘子的绝缘强度。对AT区段接触网，还应使保护自耦变压器的避雷器的起始放电电压低于自耦变压器的冲击绝缘强度。

架设于污秽区的接触网，其绝缘能力将大为下降，在恶劣气象条件下，即使在正常工作电压下也可能发生绝缘闪络事故。因此，在污秽区、特别是严重污秽区，必须加强接触网的外绝缘水平。外绝缘是指直接与大气相接触条件下工作的各种形式的绝缘。

绝缘子在接触网中起着电气绝缘和传递机械负荷的双重作用，电气上使带电体与带电体或带电体与接地体之间实现电气绝缘；机械上起着连接、支撑、悬吊等作用，要承受很大的拉伸应力或剪切应力。绝缘子的机电性能与所处环境的清洁度有关，发生表面裂纹或破损的绝缘子不能继续使用。

绝缘子的电气性能用干闪电压、湿闪电压和击穿电压来表示。干闪电压指绝缘子在干燥、清洁的状态下，使其表面达到闪络时的最低电压，这一技术指标主要应用于室内绝缘子；湿闪电压指雨水以与绝缘子表面呈45°淋在绝缘子表面时产生闪络的最低电压，这一技术指标主要应用于室外绝缘子；击穿电压指绝缘子瓷体被击穿损害而失去绝缘性能的最低电压。绝缘子被击穿后，其绝缘功能已完全丧失，必须更换。

工作电压越高，对绝缘子的干闪电压、湿闪电压、击穿电压的要求也越高。

绝缘子的击穿电压至少应比干闪电压高1.5倍以上。

绝缘子的电气性能不是固定不变的，会随着使用时间的增长逐渐下降，这种现象称为绝缘子的老化。所以，每年至少应对在役绝缘子进行一次电压分布测量，以检查其绝缘性能是否正常。

绝缘子在满足电气性能的同时，还应满足规定要求的机械性能，并在机械负荷剧烈变化或接触悬挂振动或舞动情况下有2.5～3.0的安全系数。

第五章 高速铁路供电设备可靠性的影响因素及保障措施

牵引供电设备的运行状态将决定供电系统的可靠性，供电设备运行过程中，一方面由于自然老化使得其剩余运行寿命不断缩短，另一方面可能承受各种外来破坏因素的作用，其性能受到严重考验，这些破坏因素包括雷电、污秽、过电压、覆冰等。为保障供电设备可靠运行，一方面需要防止或缓解这些因素对供电设备的破坏作用，另一方面要加强设备的检测，确保投入运行的设备都"健康"，尽可能减少供电设备"带病工作"的情况。

第一节 牵引供电系统的过电压及防护

一、牵引供电系统过电压的类型

牵引供电系统承受的过电压包括内部过电压和外部过电压。内部过电压是因为断路器的操作、事故或其他原因，系统参数发生变化，引起电磁能量振荡转换或传递所出现的超过正常运行的电压升高。外部过电压指雷击过电压，将在 5.2 中阐述。

内部过电压分类如图 5-1 所示。

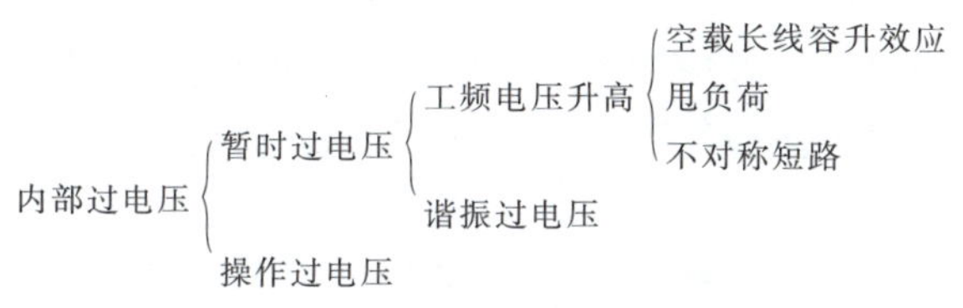

图 5-1 内部过电压分类

电气化铁路中最常见的内部过电压是由于机车(动车组)和牵引网参数不匹配造成的谐振过电压，以及机车过锚段关节式电分相产生的过电压。后者属于典型的操作过电压，但这种操作过电压也可能同时引起系统谐振而产生谐振过电压。

二、机车过锚段关节式电分相时产生的过电压

1. 产生原因

机车通过锚段关节电分相时，由于电磁感应、受电弓与接触网滑动引起的换相操作等引起操作过电压。

手动过关节式电分相的操作方法是退级(减小牵引负荷电流)、关辅助机组、跳主断路器，依靠机车惯性不降受电弓通过电分相。过分相后按照线路的标志，合主断路器，合辅助机组，进级并限制电流增加率以避免"闯动"现象。

目前，国内应用最多的车载自动断电过电分相从本质上说，与手动通过方法一样，只是上

述操作过程改由微机控制，降低了司机的驾乘疲劳，避免带电过电分相情况发生。

电力机车通过电分相期间，受电弓始终保持与接触线的接触压力，以获得稳定的弓网关系。如图 5-2 所示，受电弓的运行轨迹依次是跨接左侧接触线和中性线，仅连接中性线，跨接右侧接触线和中性线，仅接触右侧接触线。

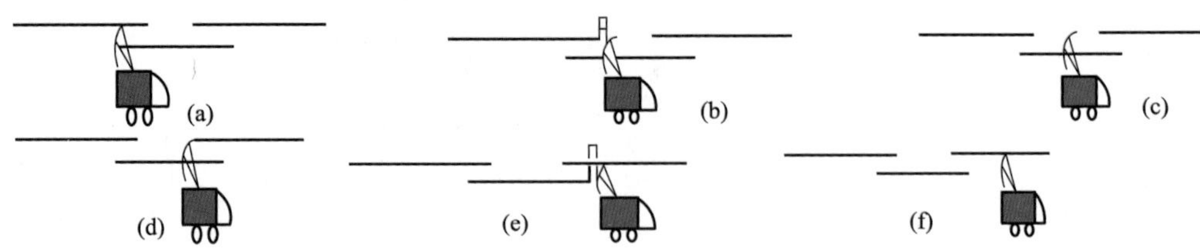

图 5-2　受电弓运行轨迹示意图

故障报告显示，电力机车在通过变电所出口处的关节式电分相时，出现过电压的概率较大，危害程度也最高。

机车移动产生操作从而引起过电压的过程如下：

(1)受电弓跨接左支接触线和中性线：当受电弓前端与中性线(或者接触线)的间距非常小时，电压差的瞬时幅值恰好能够击穿两者之间的空气间隙，从而产生电弧。

(2)受电弓分离左支接触线和中性线：由于过渡区比较长，振荡过电压在此间衰减结束，中性线的电压重新达到稳态，与电源电压一致。

(3)受电弓跨接中性线和右支接触线：电力机车顺利通过无电区后，受电弓前端再次与右侧接触线接近，该过程与受电弓跨接左侧接触线和中性线的过程基本相同。需要特别注意的是因为高压互感器的铁磁特性，易出现铁磁谐振。

(4)受电弓分离中性线和右支接触线：机车通过右侧过渡区后，再次出现脱离接触线和中性线的情形。这个过程与第一次分离接触线和中性线的过程基本相同。

以上过程是产生操作过电压的根本原因，尤其是电弧多次重燃时，过电压将进一步加大。

2. 主要特征

机车过分相时产生的过电压如图 5-3 所示，属典型的操作过电压，即在工频电压上叠加了高频衰减振荡过电压，持续时间达到若干个周波。

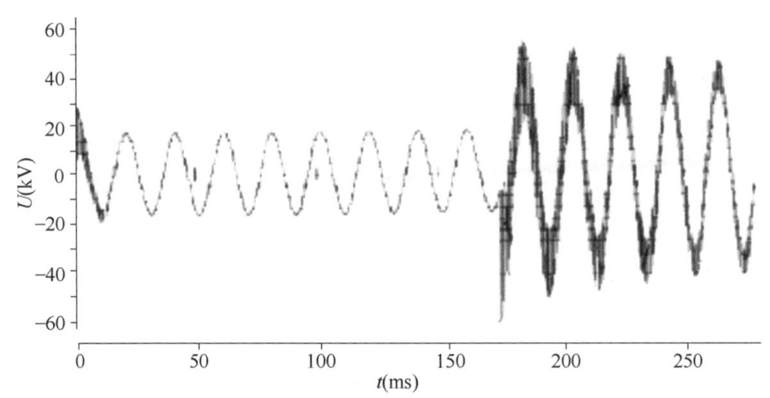

图 5-3　机车过分相过电压波形

3. 防护方法

一般可以通过改变电气结构及其参数来缩小或消除过电压的影响。同时结合现场实际情况，采用自控式阻容吸收过电压抑制装置治理关节式电分相过电压，通过在关节式电分相中加装 RC 阻容电路，改变电路的工作状态，将振荡电路变成无振荡电路，降低过电压的幅值与陡度，并对高频振荡起阻尼作用，以此来抑制过电压。防护装置结构如图 5-4 所示。

过电压抑制装置安装在靠近等高点的供电臂上，其主要部分是非线性电阻串联阻容吸收器构成的单元，其中阻容吸收器为自愈式干式薄膜电容和线性电阻串联组成的支路。正常运行情况下，自控式非线性电阻呈兆欧级的高阻态，使电分相与接触网隔离；当机车过分相时，在过电压的作用下，非线性电阻迅速转变为低阻态，将抑制装置接入接触网，从而将操作过电压限制在一定的幅值范围内，减缓操作过电压对电容单元的冲击。阻容吸收器用来改变电路的结构参数，将振荡电路变成无振荡电路，抑制操作过电压，吸收谐振过电压；电容可减缓操作过电压的峰值，电阻起阻尼振动的作用。同时，为保护电容，在阻容吸收装置旁边并联一个空气间隙，当空气间隙两端的压降超过一定值时，空气间隙被击穿，将阻容单元短接，从而保护阻容吸收器不被破坏。此外，在抑制装置前段安装一个避雷器，以防止雷击电流对装置造成损坏。

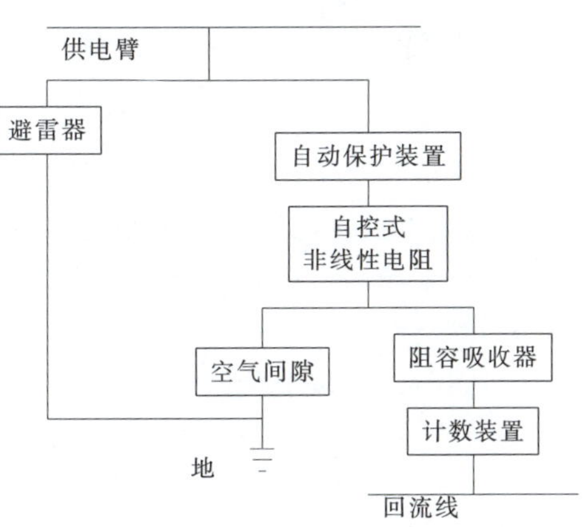

图 5-4　过电压抑制装置结构图

三、谐振过电压

1. 产生原因

供电系统中具有许多非线性铁芯电感元件，它们和系统中的电容元件组成许多复杂的振荡回路，可能激发起持续时间较长的谐振过电压。由于我国电气化铁路采用的动车组有 CRH_1 型、CRH_2 型、CRH_3 型和 CRH_5 型，每一个车型的参数各异，动车组运行过程中将产生各次谐波，如与牵引网参数配合不佳将产生谐波谐振，导致牵引网产生谐振过电压。实测表明，高速铁路中产生谐波过电压的现象屡见不鲜，对铁路运输造成很大危害，如 2007 年，某线避雷器爆炸，停电 51 min，导致重要专列不能按时到达；2011 年，某高速铁路牵引网发生 51 次谐波谐振，多个避雷器爆炸，导致长时间停电。

2. 谐振过电压的种类

谐振过电压有线性谐振、铁磁谐振、参数谐振三种。

线性谐振：线性谐振中电路的参数是常数，不随电压或电流的变化而变化，有不带铁芯的电感元件（线路的电感、变压器的漏感）或励磁特性接近线性的带铁芯的电感元件（消弧线圈）和系统中的电容元件形成的谐振回路。

非线性谐振（铁磁谐振）：铁磁谐振过电压，可以是基波谐振、高次谐波谐振，也可以是分次谐波谐振。铁磁谐振过电压可以在 3～500 kV 的任何系统中甚至在有载长线的情况下发生，过电压幅值一般不超过 1.5～2.5 倍的系统最高运行相电压，个别可达 3.5 倍。铁磁谐振过电压表现形式可能是单相、两相或三相对地电压升高，或以低频摆动，或产生高值零序电压分量。

参数谐振过电压：在同步运行状态下，其电抗将周期性地变动，当外电路容抗满足一定条件，且损耗 R 足够小时，就有可能在此电感参数周期变化的振荡电路中激发起一种特殊性质的参数谐振现象。

3. 防护方法

谐振过电压持续时间长，不能用避雷器限制，因此其防护的根本办法是改变车(机车、动车组)、网(牵引网)之间的参数关系。目前，改变车参数和网参数避开谐振点的两种办法在不同线路均已采用。

四、高速铁路综合接地系统

1. 采用综合接地系统的原因

(1)铁路综合接地充分利用沿线设施，可有效降低钢轨电位，保证人身和设备安全，降低铁路各子系统单独接地所需的工程投资。

(2)对于场坪面积条件有限或高土壤电阻率地区，采用综合接地优势特别突出，尤其是长大桥梁、隧道地段。

(3)铁路各子系统接地纳入综合接地系统后，在大大降低各子系统独立进行接地处理实施难度的同时，可有效克服各系统设备之间的电位差。

2. 国外高速铁路综合接地技术

高速铁路一般采用电力牵引供电，牵引回流和短路电流经过钢轨并在钢轨和与之相连的设施上产生对地电位差，当该电位差达到一定数量级时，将对人身和设备安全构成威胁。国外高速铁路国家根据自身铁路建设和技术发展的特点对铁路接地方式进行了全面系统的研究，形成了目前以法国(由贯通地线、接地极、接地端子及接地连接线等构成，利用桥梁、隧道等土建结构钢筋做接地极)、德国(信号系统传输采用电缆方式，以钢轨作为接地连接线，将沿线设备、设施及接地装置等电位连接)为代表的综合接地方式，建立了 EN 50122 铁路接地安全评价体系，采用等电位连接方式，在铁路沿线形成面积非常大的综合接地体，增强接地效果。

3. 我国高速铁路综合接地技术发展历程

为适应我国铁路客运专线的建设，铁路综合接地技术经过了引进、消化、吸收、再创新的过程。

1999 年 8 月，秦沈客运专线借鉴法国高速铁路(地中海线)成熟的综合接地、防雷系统建设经验，第一次沿全线铺设了一条贯通地线，彻底解决了困扰多年的室外信号设备接地困难问题。2006 年，铁道部科技司立项《客运专线综合接地系统的研究》项目，组织全路技术力量对国内外接地技术进行研究，该项研究成果在京津城际、武广、郑西、合宁、合武等客运专线建设上得以应用，为技术标准的制定提供了依据。2006 年 12 月 11 日，在总结京津城际、合宁、合武、石太客专等铁路综合接地系统实施过程中取得的经验基础上，参照国外相关技术规范，颁布《客运专线综合接地技术实施办法(暂行)》，以指导客专铁路综合接地系统的设计与施工。2007 年 4 月，为规范铁路综合接地系统的设计分工，避免设计上差、错、漏、碰的发生，印发了《铁路防雷、接地工程设计专业分及文件编制研讨会议纪要》(铁道部鉴信[2007]96 号)。

2007 年 1 月～2008 年 12 月，在我国首条无砟轨道试验段遂渝线，第一条 200～250 km/h 有砟轨道铁路合宁线和第一条 300～350 km/h 无砟轨道铁路京津城际轨道交通工程中，开展了针对不同工程特点、不同地域新建铁路综合接地系统的大规模现场测试工作，并取得大量的第一手资料和成果，对综合接地系统以及设备保护的效果进行了测试验证。

2007 年 3 月，颁布铁路行业标准《铁路防雷、电磁兼容及接地工程技术暂行规定》(铁建设[2007]39 号)，系统总结了我国铁路防雷、电磁兼容及接地工程建设经验，借鉴了国外有关标准和规定，并因地制宜地结合我国铁路建设的国情和具体的工程情况，规范了铁路防雷的设计和运用管理。2009 年 2 月，为规范铁路综合接地系统的设计与施工，发布铁路工程建设通用参考图《铁路综合接地系统》(通号[2009]9301)，以指导高速铁路综合接地系统的建设。2009 年 12 月，颁布铁路行业标准 TB 10621—2009《高速铁路设计规范(试行)》，将综合接地作为独立篇章重点描述，并将其确定为装备我国高速铁路的重要系统之一。对高速铁路综合接地系统的总体设计、实施方案及工艺要求等做出了明确规定，对综合接地系统工程的建设起到了规范化、标准化作用。

4. 我国高速铁路综合接地系统的构成

铁路工程本身是一个分布式多专业协同运行的系统工程，沿线构筑物涉及桥梁、隧道、路基、信号、通信、信息、电气化、电力、机械、环工、给排水等多个专业，电气化、电力、信号、通信等电气和电子系统设施分散设置在铁路沿线，为保证人身安全、设备安全和正常运行，各系统均有接地要求。综合接地系统以沿线路两侧敷设的贯通地线为主干，充分利用沿线桥梁、隧道、路基地段构筑物设施内的接地装置作为接地体，形成低阻等电位综合接地平台，并将铁路沿线各专业电气和电子系统设备、构筑物内部结构钢筋、长大金属件等以等电位连接方式连接成一体的多专业分布式集成接地系统。高速铁路综合接地系统的牵引供电部分如图 5-5 所示。

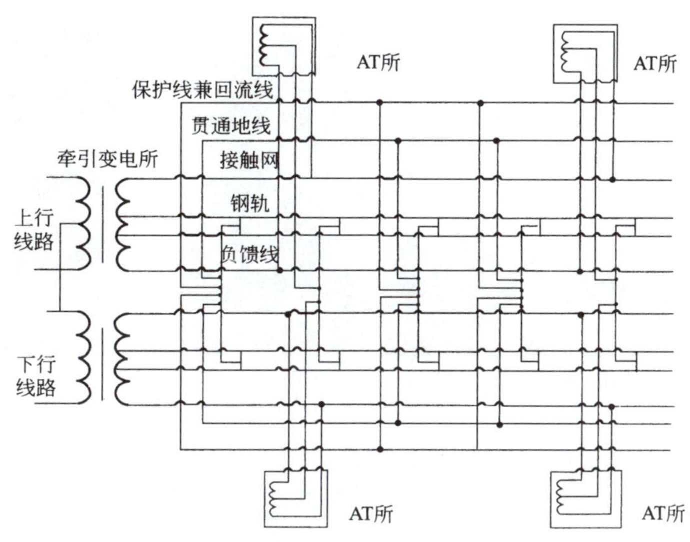

图 5-5　高速铁路综合接地系统的牵引供电部分

综合接地系统设计时，需要综合考虑接地电阻、等电位连接、钢轨电位、接触电压和跨步电压、系统安全、电流腐蚀等基本要素，以指导技术方案的合理制定。综合接地系统能否达到预期效果，关键在于等电位连接和接地电阻，一个重要的指标就是“任意接入点的接地电阻不大于 1 Ω”。在综合接地总体技术方案的制定中充分反映了这两点。贯通地线是实现全线各地段接地装置、接地设备及设施等电位连接的重要载体；桥梁、隧道、路基地段接地极的设置则是有效降低接地电阻的重要保障。因此，等电位连接和接地极的设计、施工、验收等成为综合接地系统工程建设的关键。

第二节　牵引供电系统的雷击及其防护

一、牵引供电系统雷电防护的基本知识

1. 牵引供电系统的雷电危害

雷电过电压是雷云放电引起的电力系统过电压，又称大气过电压、外部过电压。雷电放电实质上是一种超长气隙的火花放电，它所产生的雷电流高达数十、甚至数百千安，从而会引起巨大的电磁效应、机械效应和热效应。

雷击将引起设备损坏、列车失电，导致运输中断，严重时可造成行车事故和人员伤亡，自高速铁路开通以来，雷击给行车安全带来了严重隐患。我国高速铁路的主要供电方式有AT供电和直供加回流的供电方式，当雷击承力索、正馈线时都会导致绝缘子对地闪络；当沿线接地电阻不能满足要求时，雷击PW保护线、回流线、支柱会导致反击，从而使绝缘子闪络，进而可能引发绝缘子两端的工频电弧，造成变电所跳闸，也可能破坏绝缘子，如图5-6所示。由于高速铁路采用大量的高架桥结构，雷击频繁，导致变电所跳闸和绝缘子遭受破坏的故障时有发生。例如，某线自开通以来深受雷击影响，2009年雷击引起的跳闸占全年总跳闸数的54%；2009年其中一个变电所雷击跳闸25次，其中6次自动重合闸失败；某线由于雷击后低值绝缘子爆炸，造成运输中断将近4 h。由此可见雷击对高速铁路牵引供电系统造成了很大的影响。

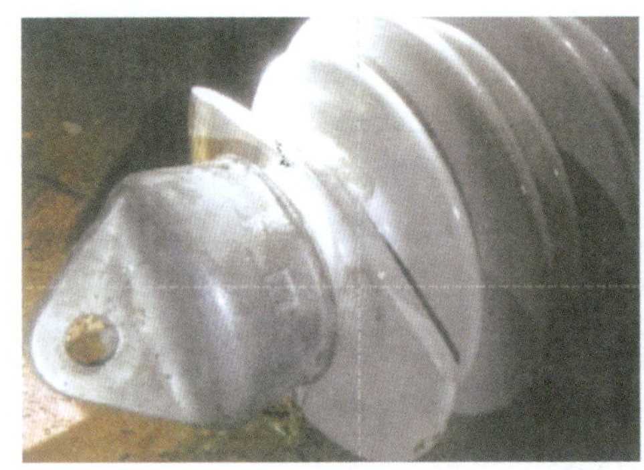

图5-6 AF线悬式绝缘子雷击损坏

雷击牵引网的主要故障有：①绝缘子闪络，建立工频电弧后引起牵引变电所跳闸；②绝缘子闪络后本体受到破坏。绝缘子闪络后跳闸一般都可以通过自动重合闸恢复供电，但绝缘子本体的破坏则是永久性的。

牵引网绝缘子包括棒式和悬式绝缘子。腕臂绝缘子为棒式绝缘子，AF线、接触网下锚处(包括锚段关节过分相)的绝缘子为悬式绝缘子。棒式绝缘子为复合绝缘子或陶瓷绝缘子，悬式绝缘子为陶瓷绝缘子或玻璃钢绝缘子。雷击承力索可能导致腕臂绝缘子和锚段关节处的悬式绝缘子闪络，雷击AF线可能导致AF线的悬式绝缘子闪络，发生反击时腕臂绝缘子和AF线的悬式绝缘子均有可能闪络。而感应雷则在接触线和AF线上同时引起过电压，因此也可能导致任何一种绝缘子闪络。另外当雷击点离动车组较近时，可能首先引起动车组绝缘闪络，导致变电所跳闸、动车组闭锁。

通过对京沪、郑西、武广等多条高速铁路沿线绝缘子破坏情况的观测，发现大部分由于AF线悬式绝缘子闪络引起变电所跳闸引起的，而腕臂绝缘子闪络遭破坏的案例很少。这是由于两个方面的因素：①AF线悬挂于接触线和承力索的外上方，起屏蔽作用，因此雷电直击承力索或者接触线的概率较低，同时AF线绝缘子承受的感应过电压也会大于腕臂绝缘子；②腕臂的棒式绝缘子能耐受的雷电冲击过电压高于同类型悬式绝缘子，以陶瓷绝缘子为例，雷电冲击50%放电电压一般超过350 kV，而悬式绝缘子则低于350 kV。

2. 雷击的基本过程

作用于供电系统的雷电过电压最常见的（约 90%）是由带负电的雷云对地放电引起，称为负下行雷。下面以负下行雷为例，分析雷电放电过程。负下行雷通常包括若干次重复的放电过程，而每次可以分为先导放电、主放电和余辉放电三个阶段。整个先导放电时间约 0.005～0.01 s，相应于先导放电阶段的雷电流很小，约为 100 A；在主放电阶段，雷击点有巨大的电流流过，大多数雷电流峰值可达数十乃至数百千安，主放电的时间极短，约为 50～100 μs，主放电电流的波头时间约为 0.5～10 μs，平均时间约为 2.5 μs；当主放电阶段结束后，雷云中的剩余电荷将继续沿主放电通道下移，使通道连续维持着一定余辉，称为余辉放电阶段。余辉放电电流仅数百安培，但持续的时间可达 0.03～0.05 s。雷云中可能存在多个电荷中心，当第一个电荷中心完成上述放电过程后，可能引起其他电荷中心向第一个中心放电，并沿着第一次放电通路发展。因此，雷云放电往往具有重复性，每次放电间隔时间约为 0.6 ms～0.8 s。多次重复雷击放电如图 5-7 所示。据统计，55%的落雷包含两次以上放电，重复 3～5 次的占 25%，平均重复 3 次，最高记录为 42 次。第二次及以后的先导放电速度快，称为箭形先导，主放电电流较小，一般不超过 50 kA，但电流陡度大大增加。

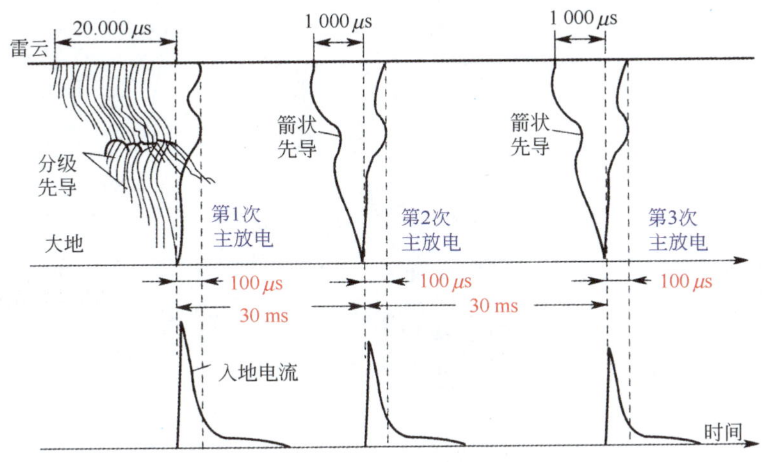

图 5-7　多次重复雷击放电

3. 雷电的基本参数

（1）雷电活动频度

①雷暴日（Td）：一年中发生雷电的天数，以听到雷声为准，在一天内只要听到过雷声，无论次数多少，均计为一个雷暴日。

②雷暴小时（Th）：一年中发生雷电放电的小时数，在一个小时内只要有一次雷电，即计为一个雷电小时。

注意点：

①一个雷暴日折合三个雷暴小时。

②雷暴日与该地区所在纬度、当地气象条件、地形地貌有关。

③Td＜15，少雷区；Td＞40，多雷区；Td＞90，强雷区。

（2）地面落雷密度（g）：表示每平方公里地面在一个雷暴日受到的平均雷击次数，我国标准对 Td＝40 的地区取 g＝0.07。运行经验表明：某些地面落雷密度远远大于上述平均值，它们或者是一块土壤电阻率远小于周边地区的场地、或者在山谷边的小河近旁、或者是迎风的山坡等，被称为易击区。在为变电所、输电线路选址时应尽量避免这些地方。

(3)雷道波阻抗:雷电通道长度数千米,半径仅为数厘米,类似于一条分布参数线路,具有某一等值波阻抗,称为雷道波阻抗;主放电过程可看作是一个电流波沿着波阻抗为 Z_0 的雷道投射到雷击点的波过程;我国有关规程建议取 $Z_0 \approx 300\ \Omega$。

(4)雷电波的极性:负极性雷击均占75%~90%,对绝缘危害较大,防雷计算中一般均按负极性考虑。

(5)雷电流的幅值:根据我国实测数据,现行标准推荐雷电流幅值的概率按式(5-1)计算:

$$\log P = -\frac{I}{88} \tag{5-1}$$

式中 I——雷电流幅值,kA;

P——超过雷电流幅值 I 的概率。

图5-8为某年贵州省雷电流幅值统计曲线,可以看出,超过95%的雷电流超过了20 kA。

(6)雷电流的波头和波长:虽然雷电流幅值随各国的自然条件不同而差别很大,但是测得的雷电流波形基本一致。据统计,波头长度大多在1~5 μs的范围内,平均2~2.5 μs。我国在防雷保护设计中建议采用2.6 μs的波头长度。至于雷电流的波长,实测表明在20~100 μs范围之内,平均约为50 μs,大于50 μs的仅占18%~30%。根据以上分析、在防雷保护计算中,雷电流的波形可以采用2.6/50 μs。

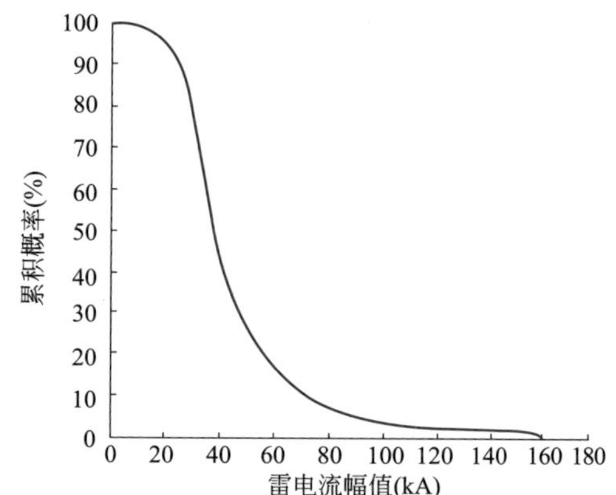

图5-8 某年贵州省雷电流统计

(7)雷电的多重放电次数及总延续时间:有55%的对地雷击包含两次以上的重复冲击;3~5次冲击占25%;10次以上占4%,平均重复冲击次数取3次。一次雷电总延续时间,有50%小于0.2 s。

(8)放电能量:雷电能量在极短时间内放出的,因而功率很大。

二、牵引供电系统雷电过电压

雷电过电压分为直击雷过电压和感应雷过电压。

1. 直击雷过电压

直击雷过电压是由于雷电放电时,强大的雷电流直接流经被击物产生的过电压。当雷电击中设备或线路时,由于雷电能量大,引起绝缘发生冲击闪络或击穿的概率较大。当击中接地系统时,可能导致接地系统电位抬高,发生反击,如图5-9所示。

2. 感应雷过电压

感应雷过电压是雷击线路附近大地,由于电磁感应在导线上产生的过电压。感应雷过电压的极性与雷电流极性相反,幅值与雷电流成正比,与导线悬挂平均高度成正比,与雷击点到线路的距离成反比。感应雷过电压的幅值一般约为300~400 kV,可能引起接触网绝缘子的闪络,而对110 kV及以上电压等级线路,则一般不会引起闪络。由于各相导线上的感应过电压基本上相同,所以不会出现相间电位差和引起相间闪络。与直击雷过电压相比,感应雷过电压的波形较平缓,波头时间在几微秒到几十微秒,波长较长,达数百微秒。

图 5-9　雷击杆塔后发生反击

三、雷电防护的基本措施

图 5-10 为雷电过电压引起供电中断的过程，只要能设法制止上述发展过程中任一环节的实现，就可避免雷击引起长时间停电事故。

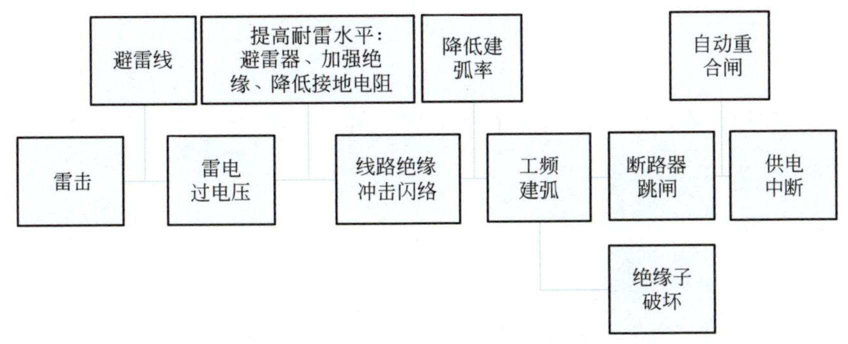

图 5-10　雷电过电压引起供电中断的过程

雷电防护的基本措施就是加装避雷针、避雷线、避雷器、防雷接地、电抗线圈、电容器组、消弧线圈、自动重合闸等防雷保护装置。避雷针、避雷线用于防止直击雷，避雷器用于限制雷电过电压。

1. 避雷针

避雷针是明显高出被保护物体的金属支柱，其针头采用圆钢或钢管制成，其作用是吸引雷电击于自身，并将雷电流迅速泄入大地，从而使被保护物体免遭直接雷击。避雷针需有足够截面的接地引下线和良好的接地装置，以便将雷电流安全可靠地引入大地。避雷针的保护范围是指被保护物体在此空间范围内不致遭受直接雷击。我国使用的避雷针保护范围的计算方法，是根据小电流雷电冲击模拟试验确定的，并根据多年运行经验进行了校验。保护范围是按照保护概率 99.9%确定的空间范围（即屏蔽失效率或绕击率 0.1%）。

2. 避雷线

避雷线通常又称架空地线，简称地线。避雷线的防雷原理与避雷针相同，主要用于输电线路的保护，也可用来保护发电厂和变电所。用于输电线路时，避雷线除了防止雷电直击导线外，同时还有分流作用，以减少流经杆塔入地的雷电流从而降低塔顶电位，避雷线对导线的耦合作用还可以降低导线上的感应雷过电压。电气化铁路中广深港、海南东环等线路架设了专用或兼用避雷线。

3. 金属氧化物避雷器

避雷器主要用于限制雷电过电压和操作过电压。金属氧化物避雷器出现于20世纪70年代，因其性能比碳化硅避雷器更好，现在已在全世界得到广泛应用。我国电气化铁路中主要采用氧化锌（ZnO）避雷器（图5-11），它具有体积小、质量轻、结构简单、元件通用性强、运行维护方便、使用寿命长、造价相对较低等优点。

图5-11　氧化锌避雷器

4. 防雷接地

避雷针、避雷线、避雷器和雷电电涌保护器件等都需要接地，把雷电流泄放入大地，这就是防雷接地。

四、高速铁路防雷保护体系

1. 国外高速铁路发达国家的雷电防护体系

日本在电气化铁路防雷设计中，根据雷击频度及线路重要程度，将国土的防雷等级划分为A、B、C区域并规定了相应的防雷措施，具体如表5-1所示。

表5-1　日本铁路接触网防雷措施

区域	防雷措施	架空避雷线	避雷器设置位置
A区	雷害严重且重要线路进行全面防雷保护	全线架设避雷线	1. 牵引变电所出口； 2. 接触网隔离开关两侧； 3. 架空线与电缆连接处； 4. 架空线终端
B区	雷害比较严重且重要的线路，对雷害场所、重点设备进行必要的防雷保护	特别需要的场所沿接触网架设避雷线	1. 牵引变电所出口； 2. 接触网隔离开关两侧； 3. 架空线与电缆连接处； 4. 架空线终端
C区	A和B以外的区域		1. 牵引变电所出口； 2. 接触网隔离开关两侧； 3. 架空线与电缆连接处

德国铁路经实际测量表明，接触网每年每百公里可能遭受1次雷击。因此，在接触网防雷设计中，没有考虑直击雷防护，只采用避雷器手段限制感应雷过电压。由于雷击次数少，采用自动重合闸的手段完全能够满足可靠供电的要求。

可见欧洲国家由于雷击次数少，铁路防雷措施很简单；而日本的防雷体系相对复杂、完善，值得借鉴。

2. 我国高速铁路防雷体系

我国高速铁路的设计主要参考 TB 10621—2009《高速铁路设计规范(试行)》和 TB 10009—2005《铁路电力牵引供电设计规范》。

我国高速铁路供电方式主要采用 AT 供电或直供加回流的方式,图 5-12 为 AT 供电方式结构。

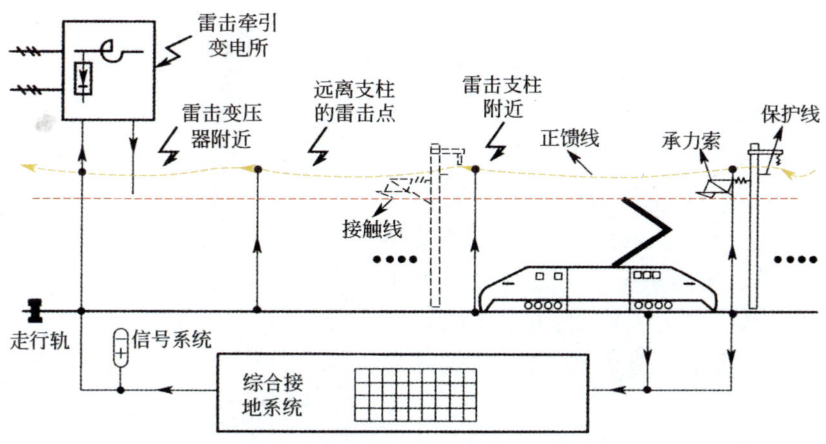

图 5-12 高速铁路牵引供电系统防雷体系

高速铁路牵引供电系统由变电所(包括分区所、AT 所、开闭所等)和牵引网组成,变电所的防雷较成熟。牵引网绝大部分没有采用直击雷防护的措施,即在线路上无避雷线和避雷针。线路的一些关键部位装设了避雷器,如在隧道口两端、变电所入口、长大大桥两端。

隧道内部的绝缘相对较弱,接触网与隧道壁距离较近,容易出现雷击造成的隧道壁放电现象,因此为防止外部过电压的侵入,在隧道口两端各装设一只避雷器。

高速铁路在跨越河流和山谷等区域时,往往采用高架大桥方式,高架桥上接触网支柱皆通过桥墩中的接地引下线和内部钢筋结构接地,接地电阻难以到达规程要求。因此在大桥两端装设避雷器,用以防止雷击高架桥上接触悬挂系统而产生的过电压造成绝缘闪络。

图 5-13 海东线回流线升高兼做避雷线

目前,我国高速铁路中,绝大部分没有对接触网采用直击雷防护的措施,鉴于避雷线在电力系统 110 kV 以上线路的防雷效果,已有多条高速铁路拟进行改造架设专用或兼用避雷线,图 5-13 为海南东环线以回流线兼做避雷线。

五、雷电监测与差异化防雷

我国的高速铁路多为长距离线路,跨越了多个省份,而我国的雷暴各地区之间差异很大,这从一定程度上决定了我国高速铁路防雷的特殊性和复杂性。高速铁路沿线不同雷电活动和土壤电阻率区域,对防雷设备的投入、安装方式及接地效果要求具有较大差异。图 5-14 为京沪线沿线雷暴活动统计图。

雷电监测系统是大面积、全自动、实时监测雷电的计算机在线系统,是当今研究雷电的先进手段。随着气象部门雷电监测系统的不断完善,已经具备开展高速铁路雷电监测的能力。我国高速铁路杆塔密集,走廊具有长、窄特点,并采用复线,甚至多线并行,因此对于雷电监测信号的精度要求较高,需要在借鉴气象部门雷电监测经验的基础上,开发更加适用于监测高速铁路走廊的新型雷电监测系统。通过监测系统实时监测铁路走廊周围雷电活动情况,统计地闪密度、雷电流幅值等参数,记录高速铁路雷击故障信息,甚至对走廊沿线雷电活动进行预警。

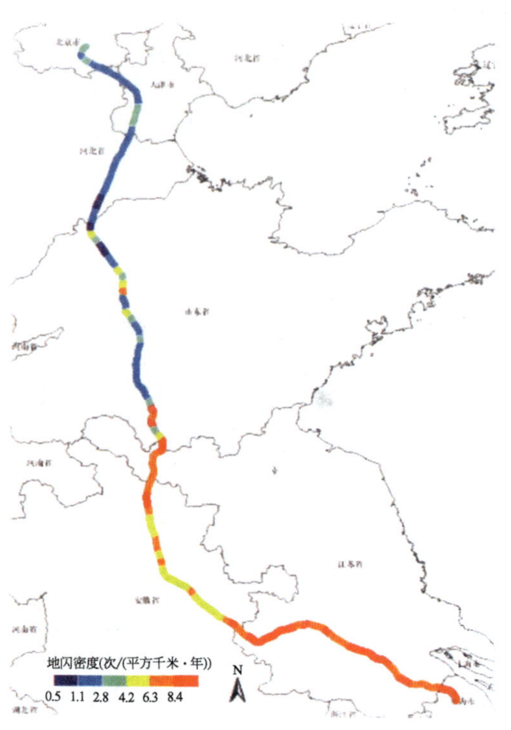

图 5-14 京沪高速铁路沿线雷暴活动统计图

通过雷电监测系统统计的雷电活动信息,划分高速铁路雷电活动强弱区域;结合雷击故障信息、雷电流统计参数,以供电臂为单元,确定直击雷、感应雷的防护方式,实现对高速铁路牵引网差异化防雷。

第三节 接触网覆冰及除冰技术

一、接触网覆冰的危害

接触网覆冰将严重影响行车安全。2008 年初,南方区域的贵州、广西、广东、云南等省遭遇历史上罕见的雪凝灾害性天气,电力基础设施遭到大面积的严重破坏,电气化铁路接触网覆冰严重,供电中断,电力机车运行受阻,仅京广线南段就有 136 列列车晚点,超过 10 万名旅客滞留在车站和铁路沿线,造成了重大的经济损失。

我国除海南等个别省市外,绝大部分地区最低温度低于 0 ℃,很多北方地区的最低温度甚至低于－20 ℃,90％以上的电气化铁路在冬季会出现覆冰或有出现覆冰的可能性,尤其是在山区、湖泊、长大隧道等易结冰区段。目前,在长大隧道处,覆冰危害非常突出。

近年来,随着我国电气化铁路的快速增长,客运高速和货运重载铁路的大规模建设,一些新的电气化铁路线路很可能要穿越高寒、高湿和高海拔地区,在这些易发生覆冰的区域,接触网覆冰灾害问题将更加突出。如何保障在各种恶劣的环境中安全、可靠、全天候运行已经成为研究热点,接触网防冰除冰技术受到广泛的关注。接触网覆冰如图 5-15 所示。

二、接触网除冰技术

各铁路局都高度重视除冰工作,目前主要采用的方式有:

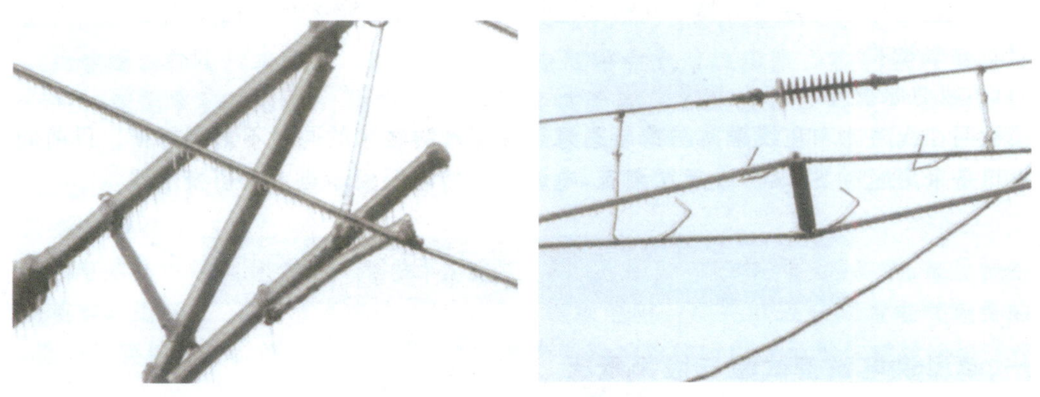

图 5-15　接触网覆冰

(1)机械除冰法

以人工除冰为主,国内电气化铁路线主要采用该方法清除接触网导线覆冰。该方式虽简单,但需要占用大量的人力,耗时长、效率低下、安全性较差,且覆冰时往往环境条件恶劣,给工作人员造成了很多困难。

(2)接触网热滑方法

该方式主要用于地铁中,当覆冰的严重程度超过警戒值时,在地铁线路营运前 1～2 h 使接触网带电,列车以较慢的速度运行,使受电弓与接触线慢速摩擦,清除覆冰。

(3)焦耳热法

焦耳热法主要包括交流融冰和直流融冰两类方法,由于需要增加整流装置,直流融冰法在电气化铁路中尚未应用,下面介绍目前已应用的交流融冰方法。

内置绝缘阻性丝:法国阿尔斯通、日本日立公司利用该技术特性开发了接触网除冰系统,并应用于日本、法国、韩国、英国的铁路、电车系统中。我国哈尔滨地铁也采用了阻性丝加热除冰的方法。

串联小电抗或小电阻法:国内目前主要采用交流融冰的方式。与电力输电线路不同,高速铁路 AT 牵引供电系统沿线存在着 AT 变压器,在进行融冰试验时,不仅要考虑牵引变压器的容量,同时也要考虑沿线 AT 变的容量,供电系统结构不同于电力系统,不能简单地采用短路法产生大电流。目前,主要采用电抗或电阻作为负载(图 5-16)。西南交通大学、中铁第一勘

(a) 融冰装置

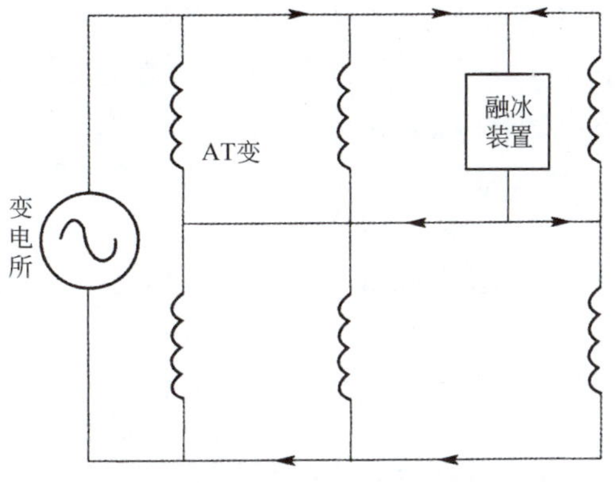

(b) 融冰装置接线图及AT供电系统电流分配

图 5-16　基于电抗负载的接触网融冰装置

察设计院集团有限公司联合开展了大量的现场试验，在京广线试验对比了小电阻和小电抗作为负载的融冰效果。

(4)在线防冰技术

接触网在线防冰和在线融冰的指导思想是在实现防融冰的同时不影响行车。目前的主要技术思想是采用配对 SVG 产生无功潮流，电流流经接触网而不进入牵引变压器。

第四节 牵引供电设备试验与检测

一、牵引供电设备试验与检测概况

1. 开展牵引供电设备试验和检测的原因

据统计，绝缘故障(图 5-17)是高压电气设备最主要的故障，试验是发现高压设备绝缘故障的最主要手段之一。美国电科院统计表明配电系统中 92%以上的设备因绝缘劣化引起失效；日本日新公司统计表明变压器中绝缘故障占总故障的 45%以上；中国电科院统计表明 110 kV变压器中，绝缘故障造成的事故占总事故的 70%以上。

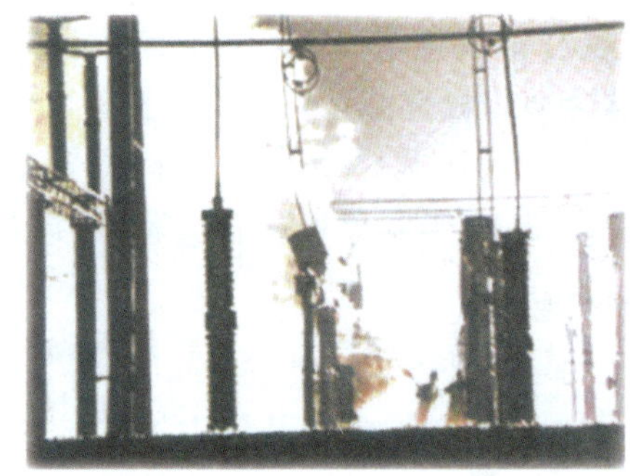
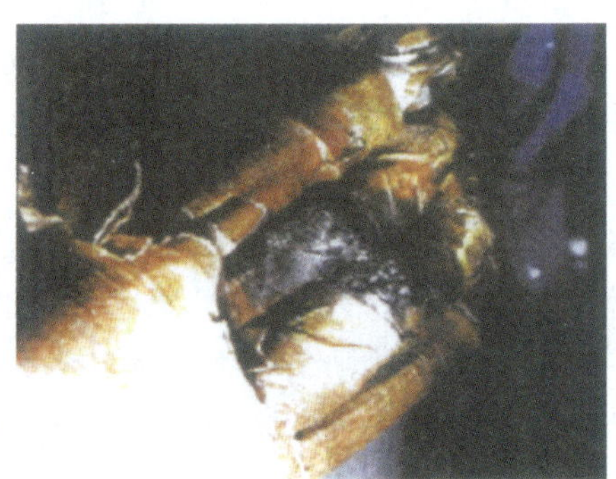

图 5-17 绝缘故障案例图

2. 开展试验的环节

(1)出厂试验：设备出厂前完成的试验，由生产厂家或其委托其他单位完成；

(2)交接试验：对牵引供电设备阶段性安装工作是否合格做一次检验，这个阶段性试验可大可小，可以是一次互感器的特性试验，也可以是一次变压器的局部放电试验；

(3)预防性试验：运行部门和试验部门对供电设备进行周期性试验；

(4)在线监测：运行过程中进行的设备绝缘状态的实时、自动化的检测。

3. 试验类型

试验分为绝缘试验和特性试验，绝缘试验又分为破坏性试验和非破坏性试验。破坏性试验一般为高电压试验，如交流高电压试验、直流高电压试验、冲击高电压试验。非破坏性试验的试验电压较低，包括介质损耗测试、绝缘电阻测试等试验。

二、牵引供电设备试验

1. 绝缘的非破坏性试验

绝缘故障大多因内部存在缺陷而引起，有些绝缘缺陷是在设备制造过程中产生和潜存下来的，还有一些绝缘缺陷则是在设备运行过程中由外界影响因素的作用下逐渐发展和形成的。当绝缘内部出现缺陷后，就会在它们的电气特性上反映出来。我们就可以通过测量这些特性的变化来发现潜在的缺陷。非破坏性试验即在不使设备缺陷更严重的基础上开展各种测试。

（1）绝缘电阻、吸收比的测量

① 测试绝缘电阻的原因

绝缘电阻是一切电介质和绝缘结构的绝缘状态最基本的综合性特性参数，是反映绝缘性能的最基本的指标之一，通常都用兆欧表来测量绝缘电阻。用兆欧表来测量电气设备的绝缘电阻，是一项简单易行的绝缘试验方法，历来在设备维护检修时广泛地用作常规绝缘试验。

② 测试吸收比的原因

由于电气设备中大多采用组合绝缘和层式结构，故在直流电压下均会有明显的吸收现象，使外电路中出现一个随时间而衰减的吸收电流，如果在电流衰减过程中的两个瞬间测得两个电流值或两个相应的绝缘电阻值，则利用其比值（称为吸收比）即可检验绝缘是否严重受潮或存在局部缺陷。

③测试绝缘电阻和吸收比的方法

绝缘电阻可用手摇式兆欧表和数字兆欧表（图 5-18）进行测量。目前，数字兆欧表已经基本上取代了手摇式兆欧表。数字兆欧表由高压发生器、测量桥路和自动量程切换显示电路等三大部分组成。

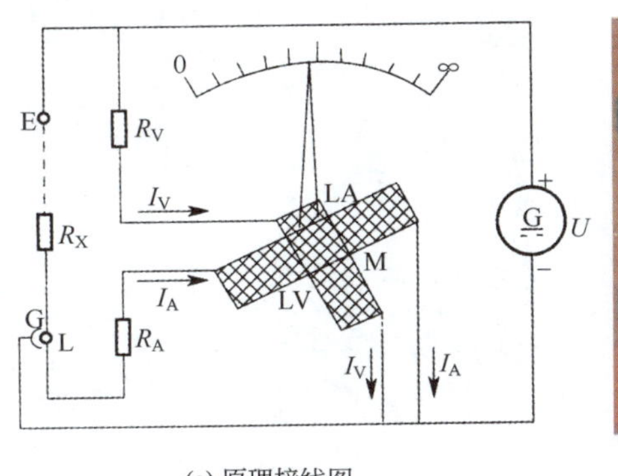

(a) 原理接线图　　(b) 数字式兆欧表实物图

图 5-18　数字兆欧表

应该指出，不论是绝缘电阻的绝对值或是吸收比都只是参考性的。

（2）泄漏电流的测量

测量泄漏电流从原理上来说，与测量绝缘电阻是相似的，但它所加的直流电压要高得多，能发现用兆欧表所不能显示的某些缺陷。利用高压直流装置和微安表可以测量流过被试绝缘的泄漏电流。测量泄漏电流可使用较高的电压（10 kV 及以上），因此能比兆欧表更有效地发现一些尚未完全贯通的集中性缺陷。

图 5-19 为简单的泄漏电流测试所有的试验接线。

（3）介质损耗角正切的测量

①介质损耗

介质损耗是介质在电场、磁场作用下产生的各种损耗的总称，包括放电引起的损耗、直流电导引起的损耗、极化引起的损耗等，当绝缘状态发生改变时，介质损耗随之改变。介质损耗

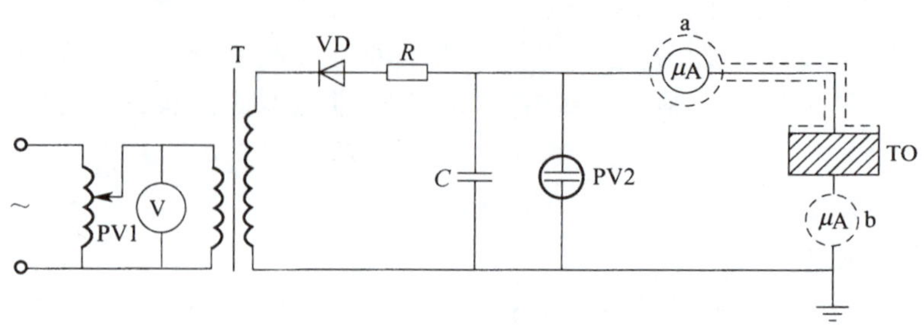

图 5-19 泄漏电流试验接线图

注：T—试验变压器；PV1—电压表；VD—高压整流元件；PV2—高压静电电压表；

TO—被试品；R—保护电阻；μA—微安表；C—电容

的值不仅与设备绝缘的状态相关，更与设备大小相关，为了消除设备大小的影响，引入了介质损耗角正切 $\tan\delta$。

② 测量介质损耗角正切值

测量 $\tan\delta$ 值可以采用手调式的高压交流平衡电桥（西林电桥），也可以采用数字式的智能化测量装置。图 5-20 中分别为我国电力系统中广泛应用的 QS_1 型高压交流电桥和智能化测量装置。

(a) 手调式西林电桥

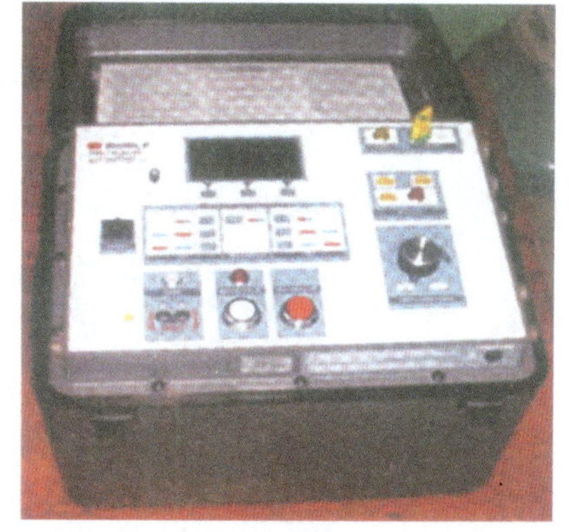

(b) 介质损耗智能化测量装置

图 5-20 介质损耗测量装置

西林电桥测量法的干扰因素包括：电磁干扰、温度的影响、试验电压的影响、被试品电容量的影响、被试品表面泄漏的影响。

(4)局部放电的测量

①局部放电

在电场作用下，绝缘系统只有部分区域发生放电而没有贯穿导体之间，即尚未击穿，这种现象称为局部放电；

②测试局部放电的原因

局部放电是电压过高的标志，它最终会导致绝缘击穿或是更大的灾难性事故；局部放电测试可帮助发现问题并可帮助设计，生产和维护高压设备。

③测量局部放电的方法

当电气设备内部绝缘发生局部放电时，将伴随着出现许多现象。有些属于电的，例如电脉冲、介质损耗的增大和电磁波辐射，有些属于非电的，如光、热、噪声、气体压力的变化和化学变化。这些现象都可以用来判断局部放电是否存在，因此检测的方法也可以分为电的和非电的两类。在多数情况下，非电的方法都不够灵敏，属于定性测量，即只能判断是否存在局部放电，而不能借以进行定量的分析。而且有些非电测量必须打开设备才能进行，很不方便。目前得到广泛应用而且比较成功的方法是电的方法，即测量绝缘中的气隙发生放电时的电脉冲。它不仅可以判断局部放电的有无，还可以判定放电的强弱。

电气量检测法：电气量检测法包括脉冲电流检测法和电磁波检测法，此法灵敏度高、应用广泛。图 5-21 为 TE571 局部放电测试仪。

在现场用电气量法测试局部放电，抗干扰技术是最大的困难之一。一个国外专家这样总结现场局部放电的测量："局部放电测试是一个精密的过程，就好像在一个称大象的称上测量蝴蝶的体重"。

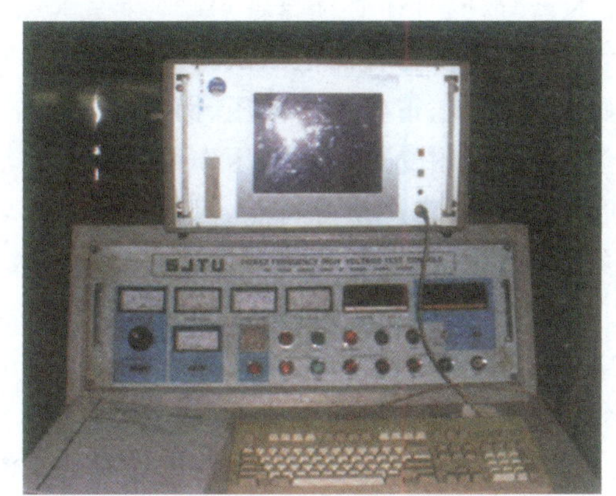

图 5-21　TE571 局部放电测试仪

非电量检测法包括：超声波检测法、光检测法、化学分析法。超声波检测法对局部放电的定位比较有效，光检测法对外绝缘的放电较有效。

(5)油中溶解气体的气相色谱分析

①开展油中溶解气体色谱分析的原因

发生过热、放电等故障时，变压器绝缘油和绝缘纸裂解产生低分子气体，不同的绝缘物质，不同性质的故障，分解产生不同种类的气体，因此可以检测气体量和种类判别变压器内部故障。

②检测油中溶解气体的方法

一般采用气相色谱分析仪测试油中溶解气体，如图 5-22 所示。

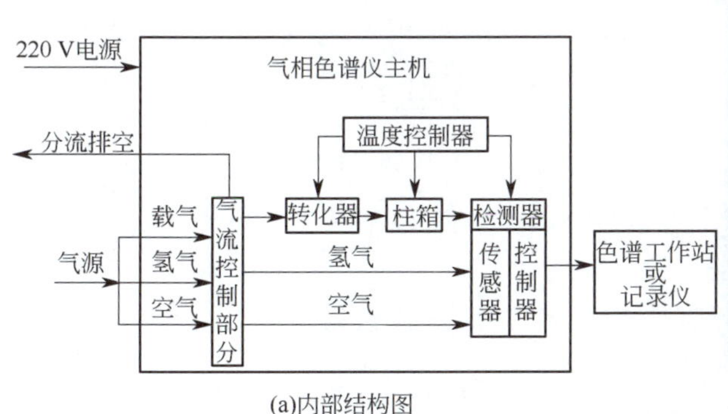

(a)内部结构图

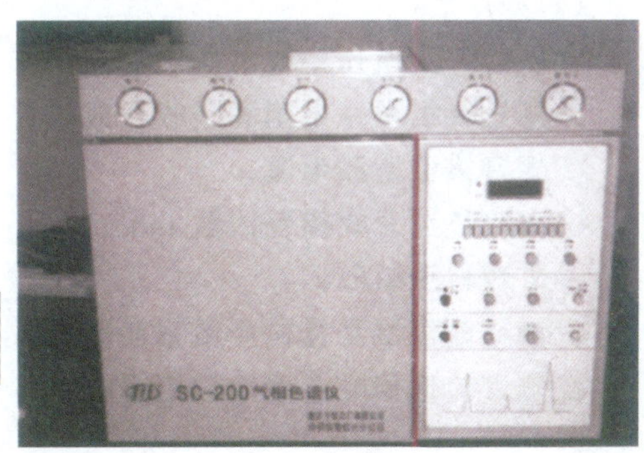

(b)实物图

图 5-22　绝缘故障气体气相色谱分析仪

③采用油中气体诊断绝缘故障的方法

判断是否存在绝缘故障，一般由两种方法，即阈值判断法和产气率判断方法。如采用阈值判断法时，220 kV 及以上电压等级的变压器油中溶解气体超过括号内数值时需引起注意(氢气＞150 μL/L 或总烃＞150 μL/L 或乙炔＞5 μL/L)，这是一种静态的判断方法。产气率判断则是一种动态方法，产气速率判断法又分为绝对产气速率法和相对产气速率法。根据规程要求，变压器的总烃绝对产气速率大于0.25 mL/h和相对产气速率大于10%/月时可以认定有故障存在。

诊断绝缘存在什么故障，可以采用特征气体法、三比值法、大卫三角法以及一些基于人工智能的诊断方法。

2. 绝缘的破坏性试验

绝缘的破坏性试验指的是高电压试验。电气设备的绝缘在运行中除了长期受到工作电压（工频交流电压或直流电压）的作用外，还会受到例如大气过电压和内部过电压等可能出现的各种过电压的侵袭。为了检验电气设备的绝缘强度，使其不仅能在正常的工作电压下安全可靠的运行，而且还必须具备耐受各种过电压的能力，所以电气设备在出厂时、安装调试时或大修后需要进行各种高电压试验。因此在高压试验室内应能模拟出这些试验电压（工频交流高压、直流高压、雷电冲击高压、操作冲击高压等），从而实现对电气设备绝缘进行耐压试验以考验各种绝缘耐受这些高电压作用的能力。与非破坏性试验相比，绝缘的高电压试验具有直观、可信度高、要求严格等特点，但因它具有破坏性性质，所以一般都放在非破坏性试验项目合格通过之后进行，以避免或减少不必要的损失。

（1）工频高电压试验：工频交流耐压试验是检验电气设备绝缘强度的最有效和最直接的方法。它可用来确定电气设备绝缘耐受电压的水平，判断电气设备能否继续运行，是避免其在运行中发生绝缘事故的重要手段。

（2）直流高电压试验：一些大容量的交流设备，如电力电缆，用普通工频试验需要很大的试验电源，常用直流耐压试验来代替交流耐压试验。高压直流输电所用的电力设备、城市轨道交通直流侧供电设备均得进行直流高压试验。

（3）冲击高电压试验：牵引供电设备除了承受长期的工作电压作用外，在运行过程中还可能承受短时的雷电过电压，为了考证电力设备在遭受雷电过电压的绝缘性能，许多电气设备在型式试验、出厂试验或大修后需进行冲击电压试验。

3. 牵引供电设备的试验项目

（1）变压器试验

变压器的高电压绝缘试验项目主要有：

①测量绕组绝缘电阻和吸收比或极化指数；

②测量绕组泄漏电流；

③测量绕组介质损耗因数 $\tan\delta$；

④交流耐压试验；

⑤测量电容型套管的介质损耗因数 $\tan\delta$ 和电容值；

⑥测量轭铁和穿芯螺栓的绝缘电阻，测量铁芯对地、铁芯对轭铁梁、穿芯螺栓对铁芯的绝缘电阻；

⑦绝缘油介电强度试验及油中溶解气体色谱分析。

（2）互感器试验

根据《规程》规定，互感器的高电压和绝缘试验项目如下：

①测量互感器绕组及末屏的绝缘电阻；

②测量35 kV及以上互感器一次绕组连同套管的介质损耗因数 $\tan\delta$；

③绕组连同套管一起对外壳的交流耐压试验；

④油箱和套管中绝缘油试验及油中溶解气体色谱分析；

⑤测量铁芯夹紧螺栓(可接触到的)绝缘电阻；
⑥局部放电试验。

(3)断路器试验

高压断路器的试验项目主要有：
①绝缘电阻试验；
②泄漏电流试验；
③测量断路器并联电容的 C 和 $\tan\delta$；
④测量分合闸电磁铁绕组的绝缘电阻；
⑤测量导电回路电阻；
⑥交流耐压试验；
⑦断路器分闸、合闸时间、速度、同期性、行程等机械特性试验；
⑧检查分合闸电磁铁绕组的最低动作电压；
⑨六氟化硫断路器的气体泄漏及微水含量试验。

(4)GIS 试验

GIS 的试验项目包括下列内容：
①测量主回路的导电电阻；
②主回路的交流耐压试验；
③密封性试验；
④测量六氟化硫气体含水量；
⑤封闭式组合电器内各元件的试验；
⑥组合电器的操动试验；
⑦气体密度继电器、压力表和压力动作阀的检查。

(5)套管试验

套管的试验项目有：
①主绝缘及电容性套管末屏对地绝缘电阻；
②主绝缘及电容性套管末屏对地 $\tan\delta$ 及电容量；
③油中溶解气体色谱分析；
④交流耐压试验。

(6)氧化锌避雷器试验

氧化锌避雷器试验包括：
①绝缘电阻的测量；
②测量 U_{1mA} 及 75%U_{1mA} 电压下的泄漏电流；
③运行电压下交流泄漏电流测量。

三、电气试验车

1. 电气试验车

电气试验车是一种车载的移动式、微机全自动过程控制、适用于高压电力设备综合试验的新型装置。如图 5-23 所示。

2. 使用电气试验车的原因

我国铁路电气设备预防性试验，目前大都采用分散式的测试仪器，试验时通过车辆将仪器运输至变电站，临时接线，通过仪器面板操作，进行各个项目的试验，手工记录试验数据、进行相关计算和试验结果的分析判断。试验过程繁杂；自动化程度低；试验结果受人为因素影响较大；电力设备的状态信息不能纳入运营部门的管理系统；试验操作大都在室外进行，暴露于严寒酷暑下，试验人员工作条件差，劳动强度大；另外运输过程中各种试验仪器堆放在车辆内且频繁装卸，极易造成仪器损坏。与日益现代化的变配电设备相比较，电气设备预防性试验手段显得粗陋。

图 5-23 电气试验车外貌

变电站电气试验车是一种以专用车辆为载体的微机程控的高压电气设备综合试验装置，是移动的试验室。具有试验过程控制、数据采集处理、试验结果的分析判断、试验数据存档管理、试验报告打印和试验数据查询等项功能，使高压电气设备预防性试验自动化及信息化管理水平进一步提高。电气试验车的应用极大地提高电力试验设备的自动化水平、管理水平，实现了电力设备预防性试验和交接试验数据的计算机信息化管理。电气试验车的应用，不仅改善了测试设备的工作环境，提高了试验效率，保证了试验结果的准确性、可靠性，而且改善了试验人员的工作条件，减轻了劳动强度，创造了良好的经济效益和社会效益。

3. 电气试验车的结构

电气试验车由车体和试验系统两部分构成。车体是以改造过的中型客车；系统软件集电气试验、测试分析、数据管理及设备信息管理功能于一体，以工控 PC 机为中央控制管理单元，由测试管理软件、数据采集卡、多功能串口通信和具体通信功能的测试仪器构成，实现了高压电气试验的全微机化操作。

电气试验车中各测试单元为基于微计算机的数字化仪器，并配有计算机通信接口，以工业控制微机作为上方机，通过 1 对 n 的通信接口实现和各个测试单元的通信，对相应测试单元发送命令，控制测试单元进行试验，并将试验结果及相关数据传送至上位机，由上位机进行数据处理及试验结果的分析判断，给出分析判断结果，并将试验结果及相关信息存储管理。

进行试验时，操作人员只需通过车体一侧的试验接线盘，将测试引线接至被试品，通过上位机操作界面，选择被试设备、试验项目，设定试验参数，便可自动完成试验，不需要人工记录试验结果及分析换算。试验结束后，可自动打印各设备的试验报告。若将上位机联网，可在网上对试验数据进行远程查询，将电气设备试验信息纳入运营部门的信息自动化系统，实现电气设备状态的信息化管理。

电气试验车将各测试单元固定安装于车内，预防性试验时，可直接将试验车开往变电站，避免了以往的试验方式频繁拆卸、搬动测试仪器造成的设备损坏。

若需要某些测试单元搬到车外使用时，可十分方便进行拆卸，通过仪器面板直接操作进行试验后，再将试验数据通过相应的软件界面输入上位机进行存储管理。

电气试验车还为操作人员提供了舒适的工作环境，车内安装有空调，可保证车内适宜的温度和湿度，改善了试验人员的工作条件。车内还配置了车用逆变电源，在完全无外部电源情况下，可用汽车发动机通过逆变电源向测试系统供电，进行试验。如图 5-24 所示。

图 5-24　电气试验车内部结构图

4. 电气试验车的功能

变电站电气试验车可对绝缘电阻、介质损耗因数 $\tan\delta$ 及电容量、直流泄漏电流、断路器导电回路电阻、断路器机械特性、变压器线圈直阻、变压器变比及连接组别、氧化锌避雷器直流参考特性、工频及直流耐压等项目的试验。适用于变电站高压电力设备工程交接试验、运行中的预防性试验及变电站的事故抢险试验。现场试验图如图 5-25 所示。

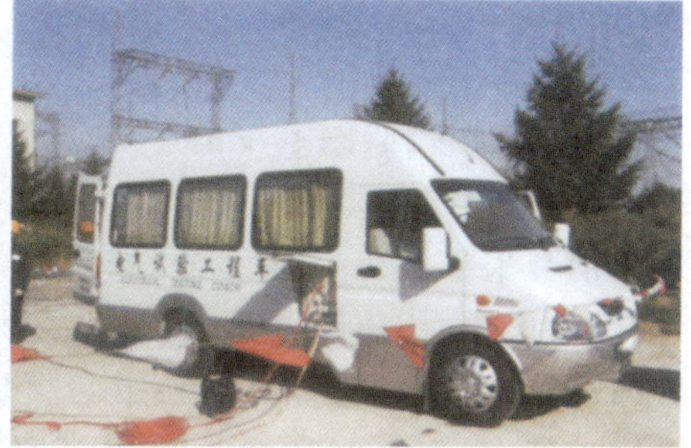

图 5-25　电气试验车的现场试验图

四、牵引供电设备在线监测

1. 牵引供电设备试验概况

(1)牵引供电设备的在线监测

牵引供电设备在线监测即在设备不停电的基础上开展连续或阶段性地自动检测，并自动对故障进行报警。

(2)实施在线监测的原因

①提高供电系统可靠性要求发展在线监测；

②绝缘故障的普遍性要求发展在线监测；

③绝缘故障的严重危害要求发展在线监测；

④实施设备状态维修要求发展在线监测技术。

(3)电气设备在线监测的发展概况

1951 年美国西屋公司 John S. Johnson 提出发电机槽放电在线监测，但由于当时检测技术和计算机水平的限制，该在线监测技术并未真正实现；20 世纪 60 年代，美国开展了大规模的绝缘在线监测和故障诊断工作，并开发了可燃性气体总量检测装置，监测变压器气体继电器中的可燃气体，但气体继电器中的可燃性气体并不能很好的反映绝缘故障；1975 年 Syprotec 公司正式研制成功油中气体分析的在线监测装置，该装置在某些国家规模化投运；20 世纪 70 年代，日本绝缘在线监测技术开始起步，着重研究油中气体在线监测和局部放电在线监测；同一时期，前苏联在线监测快速发展，重点研究容性设备绝缘监测和局部放电在线监测；20 世纪 80 年代，局部放电在线监测技术得到较大发展，加拿大安大略水局发电机局部放电监测仪大规模推广应用。

目前，在线监测技术已广泛应用，如德国 SIEMENS、瑞士 ABB、法国 ALSTOM 、美国 GE 等欧美电气设备制造公司，在电气设备在出厂时就把某些智能监测装置作为标准附件。

(4)在线监测的技术要求

①在线监测系统投入和使用不能影响一次设备的正常运行；

②在线监测系统能自动连续进行监测、数据处理和存储；

③在线监测系统必须具有自检和报警功能；

④在线监测系统必须具有良好的抗干扰能力和合理的监测灵敏度；

⑤监测结果应有较好的重复性和可靠性，以及合理的准确度；

⑥在线监测系统最好具有在线标定的功能；

⑦在线监测系统必须具有电气故障诊断功能，包括故障定位、故障性质、故障程度的判断和绝缘寿命的预测等。

(5)在线监测系统的结构

图 5-26 是绝缘在线监测系统的组成，最下面的是被监测的对象，包括牵引变压器、高压断路器、高压互感器、避雷器、电缆等。在线监测系统分成若干层，第一层是就地监测单元，包含传感器、信号采集及预处理部分，安装在高压设备运行现场；第二层是现场总线，一般采用光纤或屏蔽电缆，用于输送原始数据或预处理后的数据；第三层是变电所中的主机系统，用于故障诊断与变电所内的管理；第四层是电力数据通信网，用于传输诊断结果给高级用户，可由局域网、专用通道或无线网络等构成；第五层是远端的网络化管理系统，用于综合诊断和综合管理。

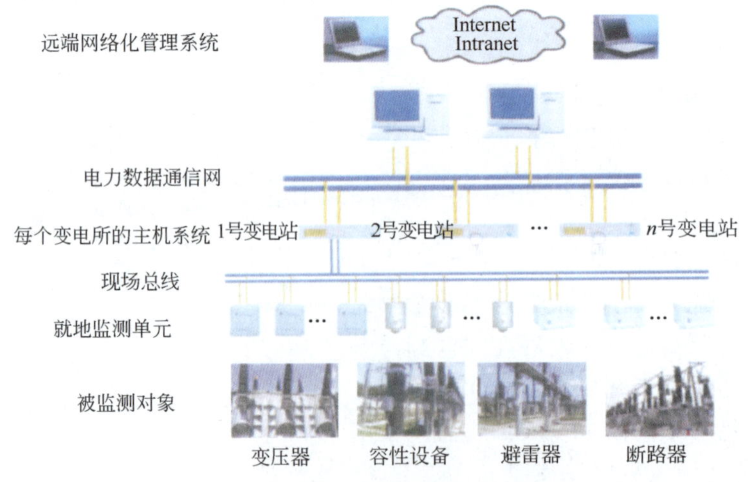

图 5-26 变电所在线监测系统的结构

2. 牵引变压器的在线监测

牵引变压器绝缘在线监测包括：绝缘油中溶解气体在线监测、变压器局部放电在线监测、变压器铁芯接地电流监测、变压器油中含水量在线监测、变压器绝缘套管介质损耗角正切在线监测、变压器内部温升在线监测。

图 5-27　某变电所在线监测

图 5-27 是某牵引变电所运行现场，右边是零磁通电流传感器，主要用于检测微弱的绝缘泄漏电流，从而获得高压绝缘套管的介质损耗角正切、电容值以及它们的变化量；左边是牵引变压器油色谱在线监测装置，安装的监测装置是美国 GE 公司生产的氢气监测装置。

某高速铁路的牵引变电所运行现场，图 5-28 是综合气体监测装置，监测气体包括氢气、一氧化碳、乙炔和乙烯，能快速有效发现设备的过热、放电故障，但如需故障诊断，必须进一步做多种气体的色谱分析；图 5-29 是容性设备监测装置的部分结构，该装置主要用于监测高压套管的绝缘状态以及牵引变压器铁芯的接地故障。

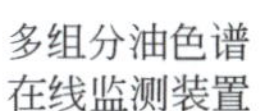

图 5-28　某客运专线变压器油色谱在线监测系统

3. 高压开关设备在线监测

(1)高压断路器的在线检测

断路器在线监测系统可对断路器的运行状况进行实时监测，利用计算机进行分析和预测，便于早期发现故障，为制定设备的维修计划提供科学的技术依据。其传感器布置和结构如图 5-30 所示。

图 5-29　某客运专线变电所在线监测

主要监测：三相电流的实时值；开关的动作时间；累计的动作次数；每相的触头磨损量及累计的触头磨损量，相对剩余电寿命；开关辅助接点的动作状态；开关动作时刻的三相负荷以及短路电流波形，分合闸线圈电流波形，机械振动波形；储能电机打压时刻与储能时间。

通过以上监测，可以实现断路器电寿命的监测。

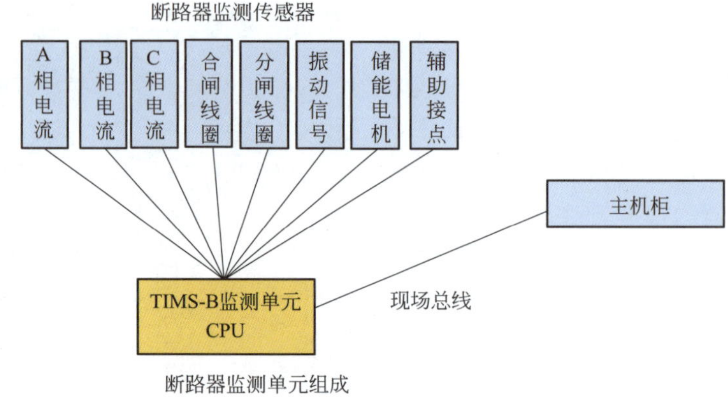

图 5-30 断路器在线监测系统构成

(2)GIS 组合电器的在线监测

开关设备中除了断路器动作特性在线监测外，还包括：局部放电在线监测、六氟化硫漏气在线监测、局部过热在线监测、接地点故障在线监测等。

其中超高频法监测局部放电应用较多，其原理为：局部放电产生的感应电流引起 GIS 壳体空腔共振，发射出宽谱电磁超高频波，超高频波在 GIS 轴向发散，不受开关分闸和绝缘子影响，通过 GIS 壳体内规律布置的天线可以接收到这些信号，从而实现 GIS 设备的局部放电监测，在人机界面上的电站接线图中显示故障定位。

4. 容性设备和避雷器在线监测

(1)容性高压设备在线监测

容性高压设备包括：高压套管、电容性电压互感器、电流互感器等

为什么要监测介质损耗？我们首先来看个案例，某变电站油纸绝缘电容器爆炸，后检查发现同一批电容器均有出现爆炸、外部变形(鼓肚)等普遍现象，如图 5-31 所示。经分析发现，由于电容器内部绝缘受潮，电容器的介质损耗增加，使得内部温度快速升高，从而产生大量水蒸汽，内部压力过大造成爆炸、鼓肚。杜绝这种事件发生的方法包括：①提高生产工艺；②对电容器的介质损耗进行实时监测。

图 5-31 电容器爆炸图

传统的介质损耗在线监测采用高压电桥的手段，但该方法需要在系统中串入小电抗，串入小电抗一方面增加了成本，另一方面小电抗故障将引起系统的故障，与在线监测的宗旨不符合。目前一般采用相位角差全数字监测法，一方面监测绝缘的泄漏电流，另一方面监测施加在绝缘上的电压，求取两个信号的相位角差即可获得介质损耗角。

图 5-32 是三相高压设备在线监测的接线示意图，这种方法不但适合于高压套管、电流互感器、

电容式电压互感器等容性高压设备，同时也可用于监测高压避雷器的泄漏电流和电阻性电流。

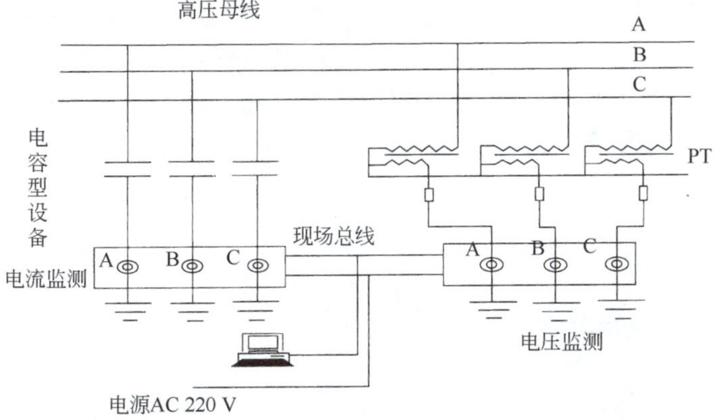

图 5-32　容性设备在线监测结构图

图 5-33 为某高速铁路牵引变电所高压电流互感器和电压互感器的监测现场，介质损耗正切的监测范围－100％～＋100％，误差为±0.1％，等值电容的监测范围为：50～10 000 pc，误差±0.5％。

图 5-33　容性设备在线监测现场

图 5-34 为高压电流互感器和电压互感器介质损耗在线监测的接线，右上角为电压互感器末屏接线，右下角为电流互感器末屏接线，左侧为电流传感器的接线。

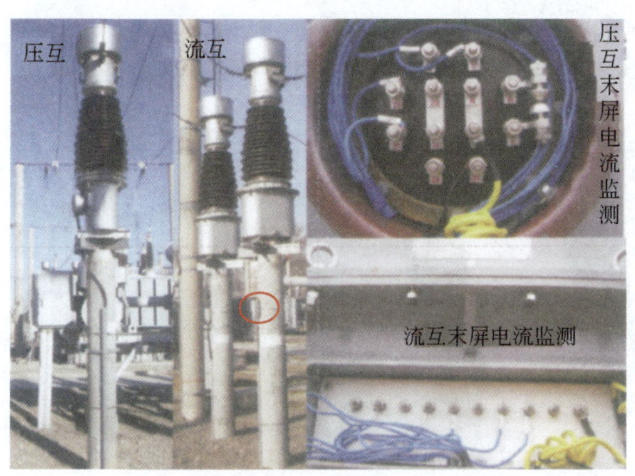

图 5-34　高压电流互感器和电压互感器介质损耗在线监测的接线

(2)避雷器的在线监测

氧化锌避雷器是牵引供电系统中应用数量很庞大的高压设备,主要用于扼制过电压。阀片在长期工作电压下老化,引起电阻特性变化,导致流过阀片的阻性电流增大;避雷器结构不良或内部受潮,阀片泄漏电流增加;泄漏电流中阻性电流急剧增加时,阀片温度急剧上升导致热崩溃,严重时发生避雷器爆炸事故。监测氧化锌避雷器的状态主要是监测其氧化锌阀片的状态,监测方法主要是在线测量避雷器的泄漏电流,尤其是阻性电流,接线如图 5-35 所示,和介质损耗监测一样,采用零磁通电流传感器。

图 5-35 避雷器在线监测现场及接线

5. 高压电缆在线监测

电力电缆的在线实时温度检测,具有重大现实意义,传统的测温方法是将某些点式温度传感器安装在电缆沟的重要部位,目前较先进的方法是光线光栅测温,监测内容包括:

(1)有效监测电缆在不同负载和不同环境温度下的发热状态;

(2)载流量限度分析,可以保证在不超过电缆允许运行温度的情况下,最大限度的发挥电缆的传输能力、提高经济效益;

(3)老化监测,发现电缆上的局部过热点,及时采取降温措施,延缓电缆老化速度;

(4)实时故障监测预警,发现电缆运行过程中外界因素导致的破坏;

(5)电缆沟内火情监测与报警;

(6)电缆接头、电缆终端的温度监测与报警。

图 5-36 为牵引变压器馈线电缆接头处安装的光栅测温传感器。

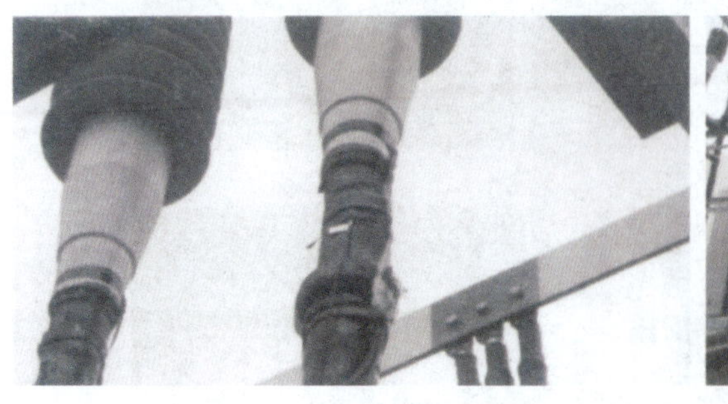

图 5-36 电缆头光栅测温传感器现场布置

第六章　高速铁路牵引供电与相关专业的接口

电气化铁路系统是由线桥隧、机车车辆、通信信号、牵引供电等四大部分组成，各部分之间互相影响，共同支撑铁路的安全运行图，本章主要介绍高速铁路牵引供电与相关专业之间的接口。

第一节　接口概述

接口是指不同子系统之间、系统与外部环境之间在包括系统设计、装备制造、施工、运行维护等在内的系统集成过程中的工作界面上的搭接关系和为实现系统既定性能指标而在不同子系统的设施、设备之间的参数、结构和功能配合关系。

从高速铁路系统和外部系统之间的关系角度，可将高速铁路系统的接口分为内部接口和外部接口。牵引供电系统与动车组系统，牵引供电系统与通信信号系统，牵引供电与工务系统，牵引供电与运输调度系统的接口为内部接口；牵引供电系统与外部电源(公用电力系统)，与客户服务系统间的接口为外部接口。同时牵引供电系统内部的供电专业、变电专业、接触网专业之间也存在着接口问题。

从系统接口的内容上可以分为硬接口(物理性接口)和软接口。物理性接口通常指设备之间在电气、机械、规约等方面相互关联、相互衔接关系，表示设备之间存在着电气、机械上的直接连接，如牵引供电的电力 SCADA 系统与通信信号的远程通信网的接口；软接口表示设备之间存在功能、参数、软件、规约等方面的匹配，如不同系统间的通信协议。

高铁系统是一个超大型工程系统，各子系统间的接口关系庞大且复杂。根据各子系统的功能，对接口提出了如下的要求：

(1)工务系统是列车运行的基础，它需要动车组车辆具有良好的动力学性能来匹配，需要其他系统设置于线下基础设备的位置及要求，需要将线路状态及防灾监控相关数据及时反馈给运营调度系统。

(2)动车组需要从运营调度系统获得行车命令；处理好轮轨关系、弓网关系、列控信息传输和旅客服务信息传输。

(3)通信信号系统需要运营调度、动车组、客运服务、牵引供电等提出对传输通道、局域网、广域网、会议电视、视频监控的具体要求，与动车组交换控车数据。

(4)牵引供电系统需要动车组电气特性、受电弓性能参数、行车运输组织资料、通信信号系统供电容量及位置、轨道电路、闭塞分区设置资料，向通信系统提出电力 SCADA 系统通信需求，向工务工程提出接触网基础及连接件预埋要求。

(5)运营调度系统是客运专线运营的核心，应该保证其与其他各系统实时、畅通的联系。即能够及时的得到所需其他系统信息，也能够及时将本系统的反馈信息传达下去。

(6)旅客服务系统需要从运营调度系统接收运输计划、列车运行状态等信息；需要向运营调度系统传递客运服务状态信息。

第二节　与电气化铁路外部系统的接口

一、牵引供变电系统的外部接口

本节主要是外部电源接口。

1. 与当地电网的接口

根据TB 10621—2009《高速铁路设计规范(试行)》规定，牵引供电专业接口设计应符合下列要求：应向国家电力部门提供牵引负荷、牵引变压器安装容量、年用电量等资料，以便电力部门完成牵引变电所接入系统方案。国家电力部门应提供铁路部门归算至牵引变电所一次侧的系统短路容量等接口资料，以便完成保护整定计算。

在运行过程中，电力部门对牵引供电系统的电能质量要求、电力计价等方面均属接口问题。

2. 电力线路接口

高速铁路牵引变电所一般由两路220 kV(或330 kV)高压线路供电，以确保供电的可靠性。接口部位存在着防雷、过电压保护等问题，应该统一考虑。

二、牵引供电自动化系统的外部接口

牵引供电自动化系统与运营调度系统、时钟系统、综合视频监控系统、综合维修管理信息系统、火灾报警系统(FAS)、国家电网调度系统、既有线电调系统等外部系统相连，其系统构成及其接口关系如图6-1所示。

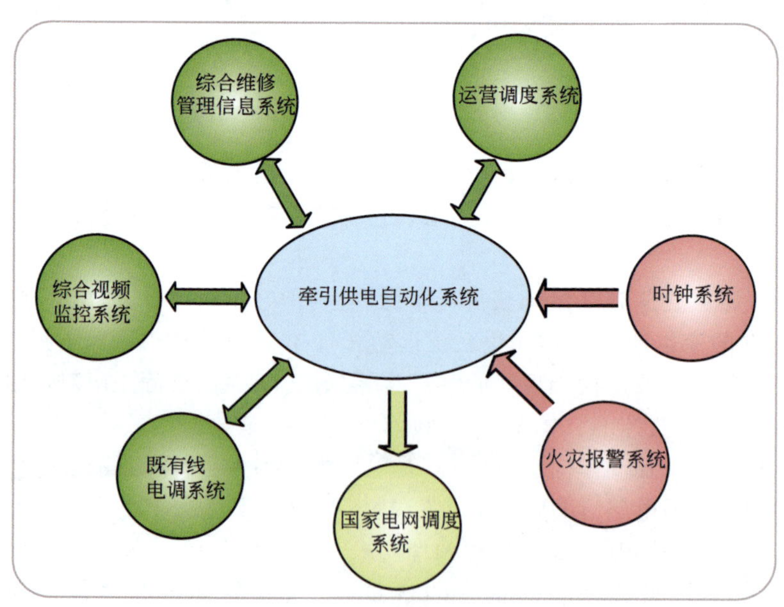

图6-1　牵引供电自动化系统接口示意图

其中与运营调度系统、综合视频监控系统、综合维修管理信息系统以及既有线电调系统的接口为双向数据通信；与FAS系统、时钟系统、国家电网调度系统的接口为单向数据通信。

牵引供电自动化系统分别在调度管理层、现场设备层实现与各外部系统的接口。牵引供电远动监控系统与时钟系统、运营调度系统、综合视频监控系统、既有线电调系统、国家电网调度系统和FAS系统相接口。国家电网调度系统除了与牵引供电远动监控系统接口外，也可能通过牵引变电所综合自动化系统实现数据共享。

1. 与运营调度系统的接口

牵引供电远动监控系统与运营调度系统的接口采用成熟的实时中间件技术，接口协议基于TCP/IP，接口规范满足运调系统的接口要求，接口分界在牵引供电自动化系统的接口交换机的端口处。与运营调度系统的接口信息为双向传输，接口数据流如图6-2所示。

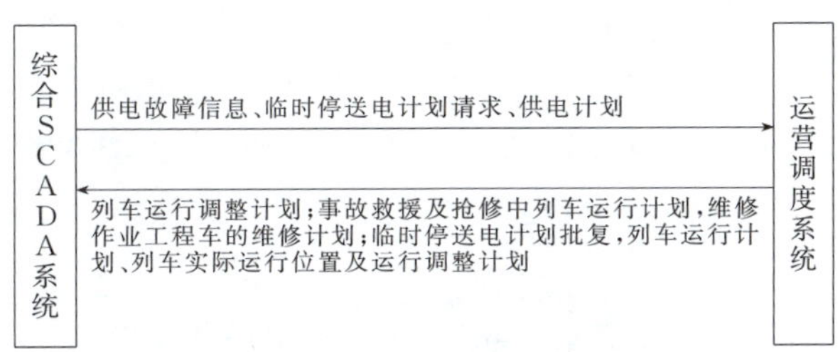

图6-2　与运营调度系统的接口数据流

2. 与综合视频监控系统的接口

牵引供电远动监控系统通过设置在调度中心、调度所与综合视频监控系统接口，综合视频监控系统分别在远动调度台的牵引及电力调度台上放置独立的视频监控终端，以提供实时监视、浏览相关视频监控图像的功能。除此之外，牵引供电远动监控系统在发生需要启动视频监控系统的故障报警录像故障时，产生联动报警信号通过TCP/IP协议输出到综合视频监控系统的管理主机触发相应的摄像机启动报警录像。

与综合视频监控系统的接口分界点在牵引供电自动化系统的接口交换机的端口处。

3. 与国家电网调度系统的接口

由于国家电网调度系统不同的接入要求，与国家电网的接口可能在牵引供电远动监控系统的调度所系统处，也可能在牵引变电所综合自动化系统处。

为此，调度所系统内设置独立的接口服务器，负责实现与本调度所相关的国家电网调度系统的接口功能。牵引供电远动监控系统与国家电网调度系统的接口为一对多方式，信息流为牵引供电自动化系统到国家电网调度系统的单向传输，接口信息仅包括各牵引变电所进线侧的开关状态及遥测信息。

此外，被控站的变电所综合自动化系统远动管理单元也具备与国家电网调度系统接口的能力，该接口为一对一方式，信息流为牵引变电所综合自动化系统到国家电网调度系统的单向传输，接口信息包括本牵引变电所进线侧的开关状态及遥测信息。

与国家电网调度系统的接口分界在调度所系统的接口交换机端口或综合自动化系统远动管理单元的通信接口处。

第三节　与工务工程的接口

这部分主要是指牵引供电系统中接触网与工务的接口。工务是对包括线路、路基、桥梁、隧道、轨道等多个专业在内的一个笼统称谓。由于接触网的几何参数是以线路中心线和轨道平面作为测量基准点的，路轨变动将直接改变接触网的几何参数，影响弓网运行安全，因此、接触网的设计、施工和运营与工务系统密切相关，如线路平面（直线、曲线、缓和曲线）会影响接触网的张力差、跨距、拉出值、线岔等技术参数；线路纵断面（平道、坡道、竖曲线）会影响接触线坡度、导高、吊弦长度等技术参数；路基、桥梁、隧道与接触网支柱和基础类型密切相关，桥梁振动与接触网振动密切相关，隧道横断面和净空与接触网结构和动态特性密切相关。

当列车高速进入隧道时，隧道内的空气被压缩，局部压强增大，局部压强减小，对接触网隧道支撑设备以及弓网接触力造成影响。为避免接触网下部工程施工对桥隧建筑物造成损害，同时也为了提高接触网基础工程的安全性和稳定性，应将接触网下部工程的设计和施工与桥隧工程的设计与施工统一考虑、协调设计、同步施工。

管理上，牵引供电专业根据工务工程提交的详细设计资料，对接触网预留基础、拉线锚环及设备安装螺栓等预埋件进行相应确认，提出建议及修改，由工务工程系统提供线路信息，以便进行牵引计算。

第四节　与电务工程的接口

在电气化铁路中，牵引供电、电力、通信、信号合称为“四电”系统。电气化铁路中采用轨道电路进行信号传输，而轨道同时也为牵引供电的回流导体，因此如何实现两者的公用是重要的接口，一般采用扼流变压器或空心线圈等方式进行工频供电电流与高频信号之间的隔离。

在设计阶段，牵引供电专业应向通信和信号专业提供接触网电分相和接地的详细设计资料，信号专业予以确认；车载断电自动过分相装置所需的地面感应器的预埋设计、施工及维护由电务系统的信号专业进行；信号专业向牵引供电专业提供轨道电路闭塞分区的详细设计，牵引供电专业确认扼流变压器或空心线圈的位置，进行上下行横连线、吸上线、CPW 线、综合接地等电位连接线的设计，并由信号专业予以确认。

高速铁路中，沿线埋设贯通电线，实施综合接地方式，沿线信号、通信设备与供电系统采用统一接地系统，因此必须有效考虑高压系统在各种工况下引起接地系统电位变化对低压系统的影响。

第五节　与动车组接口关系

1. 弓网关系匹配

受电弓与接触线在电气方面和机械方面都是相互依赖、相互制约、相互作用的。受电弓高速滑动时接触点所具有的导电能力，受许多因素的影响，如接触悬挂的类型及弹性系数、接触线坡度、受电弓抬升力以及列车运行速度、车辆类型和线路条件等。进行弓网之间的参数匹配主要目的是保证受电弓的集流状态良好，满足列车运行需要，同时减小列车运行噪声及电磁辐射对环境的影响。

2. 车—网参数配合

车—网参数配合的目的是避免线路产生谐振过电压。在第 5 章已经阐述，若动车组和接触网参数匹配不佳，产生的谐振过电压将破坏供电系统的绝缘和设备。

3. 车—网—所的绝缘配合

由于变电所、牵引网和动车组构成了一个完整的电气闭环系统，一旦系统中存在过电压，各部分绝缘都将承受，任何一部分击穿都将引起供电中断。一般来说，变电所设备的绝缘等级最高，接触网绝缘子次之，动车组由于空间上的局限绝缘等级最低，雷电过电压等冲击电压与谐振过电压等周期过电压对整个系统的破坏过程有很大的差异，在过电压防护和绝缘配合方面必须车—网—所同时考虑。

参考文献

[1] 李群湛,连级三,高仕斌. 高速铁路电气化工程[M]. 成都:西南交通大学出版社,2006.

[2] 贺威俊,高仕斌. 轨道交通牵引供变电技术[M]. 成都:西南交通大学出版社,2011.

[3] 高仕斌,陈小川,陈维荣. 客运专线牵引供电自动化[M]. 成都:西南交通大学出版社,2010.

[4] 周利军,高峰,李瑞芳,等. 高速铁路牵引供电系统雷电防护体系[J]. 高电压技术,2013,39(2):399-406.

[5] 李群湛. 我国高速铁路牵引供电发展的若干关键技术问题[J],铁道学报,2010,32(4):119-124.

[6] 李群湛,贺建闽,解绍锋. 电气化铁路电能质量分析与控制[M]. 成都:西南交通大学出版社.2012.

[7] 董昭德,李岚. 接触网工程与设计[M]. 北京:科学出版社,2014.

[8] 董昭德. 接触网[M]. 北京:中国铁道出版社,2010.

[9] 吴积钦. 受电弓与接触网系统[M]. 成都:西南交通大学出版社.2010.

[10] 于万聚. 高速电气化铁路接触网[M]. 成都:西南交通大学出版社,2003.